W0375593

Sigrid Paul

Mauer durchs Herz

zba.BUCH
Baum & Walter GbR, Berlin

Bearbeitung, Gestaltung, Satz und Scanbearbeitung:
zba.BUCH Tel./Fax 030 21478317/-19
E-Mail: zba.buch@gmx.de
www.zba-buch.de
Druck: Optimex ul. Slaska 51 U, Szczecin
2. Auflage 2008

ISBN 978-3-9811977-4-7

Hass?	-	Nein!
Rache?	-	Nein!
Wut?	-	Unbeschreiblich groß!
Vergessen?	-	Niemals!

Inhalt

Geleitwort von Karl Wilhelm Fricke

Eine „kommode Diktatur“ hat der Schriftsteller Günter Grass die Deutsche Demokratische Republik genannt. Er wäre ein Philosoph geblieben, wenn er geschwiegen hätte - um ein geflügeltes Wort zu zitieren. Der hier vorgelegte Lebensbericht von Sigrid Paul, zugleich eine kurz gefasste Familienchronik, liest sich wie ein fortwährender Widerspruch zu dem fatalen Literaten-Bonmot. Denn was die Verfasserin, gleichsam Zeitzeugin in eigener Sache, in ihrer Jugend und als Mutter in der DDR erdulden und erleiden musste, war nicht „kommod“, was so viel wie „bequem“ oder „annehmbar“ heißt. Es war schwer erträglich, schikanös, demütigend und entrechtend. Historiker, die sich heute mit der Alltagsgeschichte der zweiten Diktatur auseinander setzen, haben sie zugleich als Verfolgungsgeschichte wahrzunehmen. Ein Beleg dafür ist das Schicksal der Schreiberin und ihrer Familie. Sigrid Paul, gebürtig aus Dommitzsch im Kreis Torgau an der Elbe, kommt in einem bürgerlichen Milieu zur Welt. Ihre Kindheit wird von dem tragischen Schicksal ihres Vaters überschattet. 1945, als in Dommitzsch der Krieg zu Ende war, wird er in sowjetische Internierung genommen. Ein „Klassenfeind“. Zwar vormals Mitglied der NSDAP, strafrechtlich aber unbelastet, wird er in seiner von der Roten Armee besetzten Heimatstadt von der sowjetischen Geheimpolizei verhaftet und über die NKWD-Speziallager Torgau und Bautzen in das Hungerlager Tost in Oberschlesien verbracht. Nach wenigen Monaten stirbt er hier; ohne jemals vor Gericht gestellt worden zu sein. Ein deutsches Interniertenschicksal. Kein seltenes.

Die schweren Nachkriegsjahre der verwitweten Mutter mit drei Kindern - außer Sigrid gehören noch eine Schwester und ein Bruder zur Familie - werden von Ausquartierung, Drangsalierung, Enteignung und sozialer Not geprägt. Sigrid ist fünfzehn Jahre alt, als unter dem Protektorat der sowjetischen Okkupationsmacht die DDR gegründet wird. Ein Arbeiter-und-Bauern-Staat? Frühzeitig erfährt und erlebt die Heranwachsende die Ohnmacht des Individuums vor der Allmacht totalitärer Herrschaft.

Trotz allem schien ein hoffnungsvoller Lebensweg vor ihr zu liegen. Immerhin kann sie in der DDR eine Ausbildung zur Zahntechnikerin abschließen. 1957 heiratet die junge Frau den Bootskonstrukteur Hartmut Rührdanz. In Berlin-Ost, wo das Ehepaar lebt, wird 1961 der Sohn Torsten geboren, ein Wunschkind, das durch ärztliche Fehler bei der Geburt mit einer schweren Schädigung zur Welt kommt. Ärzte in Berlin-Ost können nicht helfen. Kurz entschlossen bringen die Eltern das lebensbedrohlich kranke Kind zur Untersuchung in eine Klinik in Berlin-West. Dort kann ihm geholfen werden, mit einer Operation. Nachhaltig bleibt der Erfolg nur bei bestimmten Medikamenten und einer bestimmten Kindernahrung aus dem Westen. Nur unter der Bedingung, dass Torsten damit auch im Osten weiter versorgt wird, entlassen die Ärzte das Kind nach Hause. Die DDR genehmigt die Einfuhr.

So lange eine S-Bahn-Fahrt von Ost nach West und zurück im damals geteilten Berlin möglich bleibt, ist das für die Eltern kein Problem. Kritisch wird die Situation nach dem 13. August 1961, dem Stichtag für den Bau der Berliner Mauer. Da die DDR-Behörden den Bezug der Medikamente und der Nahrung nicht mehr erlauben, gerät das Kind nach wenigen Tagen in Lebensgefahr. Zwei Ost-Berliner Ärzte veranlassen couragiert die Verlegung des Kindes zurück nach West-Berlin. Die Eltern bemühen sich nun darum, ihren Sohn besuchen zu können. Nach Monaten darf nur die Mutter für einen Tag fahren. Die Alternative heißt Flucht, aber sie scheitert. Danach zeitigt das Zusammenwirken mit drei Studenten, die sie beherbergt haben und die auch flüchten wollten, verhängnisvolle Folgen. Das geltende Strafgesetz - eigentlich „legalisiertes Unrecht“ - qualifiziert ihr Verhalten als „Verleitung zum Verlassen der Republik“. So geschieht, was geschehen muss. Am 28. Februar 1963 nimmt die Staatssicherheit das Ehepaar fest - sie „konspirativ“ auf offener Straße, weshalb die Autorin heute von „Kidnapping“ spricht; ihn in der Wohnung. In der Untersuchungshaft lehnt Sigrid Rührdanz das Angebot der Staatssicherheit ab, als Inoffizielle Mitarbeiterin (IM) ihren Sohn besuchen zu können und dabei als Lockvogel zu helfen, den Fluchthelfer in West-Berlin dingfest zu machen. Der Preis für dieses Wiedersehen ist ihr zu hoch.

Nach fünfeinhalb Monaten, am 15. August 1963, verurteilt das Bezirksgericht Rostock Hartmut und Sigrid Rührdanz zu je vier Jahren Zuchthaus. Als Strafgefangene kommen sie und ihr Mann wieder in die Untersuchungshaftanstalt Berlin-Hohenschönhausen zum Arbeitseinsatz. Sie arbeitete dort zunächst in der Putzkolonne, dann im erlernten Beruf als Zahntechnikerin. Dank humanitärer Bemühungen der Bundesregierung gelingt es, das Ehepaar nach achtzehn Monaten Haft freizukaufen. Die DDR braucht Devisen. Glück im Unglück. Das Ehepaar Rührdanz findet in den Alltag zurück - zwei Töchter werden geboren. Ein gutes Ende? Auch nach der Haft wird die Ausreise nicht genehmigt. Erst nach knapp fünf Jahren Trennung haben die Eltern ihr behindertes Kind wieder zu Hause. Es gibt gewiss dramatischere DDR-Schicksale. Trotzdem spiegelt sich in dem Erleben der Familie Rührdanz ein Schicksal, das für die durch Mauern und Stacheldraht geteilte deutsche Hauptstadt typisch ist. Die Klage wird zur Anklage gegen ein Regime, das solche Lebensverhältnisse hervorbringt. Das Besondere ist das Allgemeine unter konkreten Bedingungen. Das verleiht dem persönlichen Lebensbericht in seiner Individualität allgemeine Gültigkeit.

So lange Ewiggestrige in der sozialistischen Linken für eine Revision der Zeitgeschichte eifern und den gewöhnlichen DDR-Sozialismus mit seinen menschenverachtenden Zügen schönfärben oder verklären, gewesenes Unrecht verdrängen oder leugnen, ist es nötig, Schicksale wie das hier Geschilderte zur Sprache zu bringen. Es geht um die Erinnerung durch Erzählen oder Schreiben, was einst gewesen. Im Mittelpunkt steht der Mensch. Nicht der Einzelne - schrieb Reiner Kunze, auf den Alltag im realen Sozialismus bezogen. Ja, so ist es gewesen. Auch das auf den folgenden Seiten geschilderte Leben in der geteilten Stadt liefert einen Beleg dafür. Nötig ist noch die Erwähnung, dass 1991 die Rührdanz-Ehe geschieden wird, auch eine Spätfolge jahrzehntelanger Belastungen? Sigrid Paul nimmt ihren Mädchennamen wieder an. Ihre Wunden sind vernarbt, aber von Zeit zu Zeit schmerzen sie. Der Sinn zeithistorischer Aufarbeitung liegt darin, in der Erinnerung festzuhalten, was gewesen ist. Eben dazu leistet Sigrid Paul einen authentischen Beitrag.

Köln im Mai 2007 Karl Wilhelm Fricke

Lichtblicke

I. Die Mauer zog sich durch mein Herz

13. August 1961: Schützenpanzerwagen der Polizei demonstrieren Stärke am Brandenburger Tor

Ein Baby zwischen zwei Welten

Ost-Berlin, 28. August 1961. Dieser Montagmorgen, der 16. Tag seit dem Mauerbau, hat sich unauslöschlich bei mir eingebrannt, mein Leben völlig durcheinander gebracht. Aufgewühlt nach einer durchwachten Nacht, in Sorge um Torsten, fahre ich am frühen Morgen ins Krankenhaus. Es ist kaum acht Stunden her, dass ich unser Baby in die Kinderklinik der Charité gebracht habe. Es ist gerade sieben Monate alt, sein Leben hing nur noch am seidenen Faden. Immer wieder hat Torsten Blut erbrochen und sich geschüttelt. Schweren Herzens bin ich auf Anraten des Arztes wieder nach Hause gefahren. Ob Torsten die Nacht überlebt hat? Ich zittere am ganzen Körper. Als ich die Kinderstation betrete, zucke ich zusammen: Das Bett ist leer. Aber eine Krankenschwester beruhigt mich und sagt die erlösenden Worte: „Ihrem Sohn geht es gut, wir haben ihn nach West-Berlin bringen lassen“. Was habe ich gelitten, durchlebt, innerhalb von Sekundenbruchteilen: den Schock und dann die Erleichterung. Er ist gerettet und in der Obhut jener Ärzte des Westend-Krankenhauses, die ihn schon einmal vorm sicheren Tod bewahrt haben.

Vor dem 13. August schien alles noch so einfach. Torstens Leben hing nach seiner schweren Geburt von zwei Medikamenten und einer besonders schonenden Kost ab. Seine Speiseröhre war so verletzlich, dass sie nicht mehr die geringsten Reizungen vertrug. Beides, Arznei und diese spezielle Nahrung, gab es nur im Westen. Im Westend-Krankenhaus lag jeden Montag ein Päckchen für uns bereit. Einmal pro Woche fuhren Hartmut, mein Mann, oder ich die lange Strecke mit Bus und Bahnen von Kaulsdorf-Süd nach Charlottenburg, um es zu holen. Am 7. August geschah das vorerst zum letzten Mal, aber wer konnte das schon ahnen?

Die Schreckensmeldung vom abgeriegelten Ostsektor verbreiteten Rundfunk und Fernsehen in der Nacht zum 13. August, am frühen Sonntagmorgen. Sofort dachte ich an Torsten und fragte mich, wie es nun weiter gehen sollte. Aber was konnte passieren? Wir hatten es ja schriftlich: die DDR-Gesundheitsbehörde hatte es ausdrücklich erlaubt, dass wir das lebenswichtige Päckchen für Torsten Woche für Woche aus dem Westen holen. Sicherlich könnte es nun schwieriger werden. Bestimmt würden sie uns aber weiter nach drüben fahren lassen oder eine andere Lösung finden.

Bevor wir das allerdings herausfinden konnten, brauchten wir noch die Montagsration. Meine Schwester Gisela aus dem Rheinland, die uns besucht hatte und gerade auf dem Rückweg war, reagierte sofort. Noch am Montag schickte sie ihre Freundin Jutta aus West-Berlin mit dem Paket zu uns nach Kaulsdorf. Denn der Weg von Ost nach West war versperrt. Für die umgekehrte Richtung war der Weg frei, noch jedenfalls. „Friedliche Bürger Westberlins", stand in der Verordnung des DDR-Innenministeriums, „können unter Vorlage ihres Westberliner Personalausweises die Übergangsstellen zum demokratischen Berlin passieren." Als aber die DDR ein paar Tage später auf S-Bahn-Stationen Passierscheinstellen für West-Berliner einrichten wollte, untersagten das die Westalliierten. Die DDR sperrte daraufhin die Grenze für West-Berliner. Erst Weihnachen 1963 durften sie Angehörige im Ostteil der Stadt wieder besuchen.

Am 14. August ging es noch. Giselas Freundin Jutta hatte vorsorglich gleich eine gehörige Portion mitgenommen. Das meiste musste sie aber bei der Kontrolle am Brandenburger Tor zurücklassen. Der Rest reichte noch eine gute Woche. Die Not war fürs erste gebannt Dann aber die Enttäuschung: die Gesundheitsbehörde wollte von der Genehmigung, die Päckchen einzuführen, nichts mehr wissen. „Unsere Kindernahrung ist auch gut", lautete ihre Begründung.

Es trat ein, was zu befürchten war, Torsten vertrug die Nahrung nicht. In der Nacht vom 27. auf den 28. August verschlechterte sich sein Zustand dramatisch, der Grund, warum ich ihn ins Krankenhaus gefahren hatte. Aber die Charité-Ärzte konnten ihm nicht helfen. In ihrem verzweifelten nächtlichen Kampf um Torstens Leben schickten sie sogar noch einen Krankenwagen mit Blaulicht zu uns nach Hause, weil sie die Hoffnung hatten, aus dem letzten Winkel unserer Wohnung ließe sich vielleicht doch noch etwas von der Nahrung „hervorzaubern".

Torsten war also wieder in West-Berlin, wo es seine Nahrung gab. Auch wenn wir unseren Jungen nun erst einmal - vielleicht für lange Zeit - entbehren mussten, war ich beruhigt und tröstete mich immer wieder: „Er ist in guten Händen, ihm kann nichts mehr passieren". Den Stationsarzt Dr. Schneeweiß hätte ich am liebsten umarmt. Er war nach der aufregenden Nacht in der Charité nach Hause gefahren. Ich konnte mir lebhaft vorstellen, was er alles getan hatte, um Torstens weitere Behandlung im Westend-Krankenhaus zu ermöglichen. Ob wir ihn dort besuchen können? Das war jetzt unsere größte Sorge. Hätte mir jemand gesagt, dass bis zum ersten Wiedersehen zwei Monate vergehen würden und dass mein Mann und ich 18 Monate Zuchthaus verbüßen sollten, nur weil wir bei unserem Jungen sein wollten, ich hätte ihm nicht geglaubt. Von diesem Tag an zog sich die Mauer mitten durch mein Herz.

Privat geht vor Geburt

Torsten, unser Wunschkind, wurde am 27. Januar 1961 in Berlin geboren. Seine komplizierte „Steißquerfußlage" kam nicht überraschend, das Personal - Hebamme, Krankenschwester und der Arzt - hatte sich an jenem Wintertag im Kreißsaal des Krankenhauses Kaulsdorf sorgfältig darauf vorbereitet. Und dann geschah das Unbegreifliche. Als es soweit ist und die Geburt einsetzt, herrscht große Aufregung. Der Arzt ist nicht da. Er war verschwunden, einfach so. Wie sich später herausstellte, war er gegangen, um noch etwas zu „erledigen" - unverantwortlich, aber ein in der Arbeitswelt der DDR verbreitetes Phänomen. „Privat geht vor Katastrophe" war ein bekannter Ausspruch, der deutlich machte, was viele Menschen über die sozialistische Gesellschaftsordnung wirklich dachten. Vorzeitiges Verlassen des Arbeitsplatzes, Verspätungen oder Besorgungen während der Arbeitszeit waren in der Mangelgesellschaft der DDR gang und gäbe, vor allem, wenn es wieder einmal unterm Ladentisch gehandelte „Bückware" gab. Einer ähnlichen Gelegenheit konnte offenbar auch der Arzt nicht widerstehen. Krankenschwestern erzählten meinem Mann später, er habe sich Baumaterial für sein Eigenheim besorgt.

Unterdessen bemühten sich die Geburtshelfer, die kein Risiko eingehen wollten, um einen anderen Arzt. Eine Verzögerung mit fatalen Folgen. Der herbeigerufene Kollege konnte nichts mehr daran ändern, dass Torsten dabei war, auf seine Weise auf die Welt zu kommen, mit dem Bein zuerst. Dass ihm ein schweres Los bestimmt war, zeigte sich mit der ersten Stunde seines Erdendaseins. Schon da spuckte er Blut und konnte seine Nahrung nicht bei sich behalten. Die Ursache sahen die Ärzte in einem bei Entbindungen nicht seltenen Magenpförtnerkrampf. Tagelang versuchten sie zumeist vergeblich, Torsten Tee einzuflößen. Er bekam zuerst auch keine Muttermilch und verlor dramatisch an Gewicht. Der Blutverlust durch das ständige Erbrechen wollte nicht aufhören. Die Ärzte probierten und probierten, fanden die Ursache aber nicht. Als Torsten endlich Muttermilch trinken durfte, war er so geschwächt, dass er kaum noch schlucken konnte.

Sein Zustand blieb sehr kritisch. Ich bin verzweifelt. Da ist nun unser erstes Baby auf der Welt, dem wir so entgegen gefiebert haben und schon diese Sorgen. Nach sechs Tagen komme ich mit ihm nach Hause. Doch Torsten geht es so schlecht, dass er gleich in die Kinderklinik Lindenhof in Lichtenberg muss. Jeden Tag bringe ich ihm die Muttermilch. Wichtiger noch: ich möchte ihn sehen, jede Veränderung in seinem Gesicht erleben. Inständig hoffe ich auf Besserung. Vergeblich. Von den Ärzten hören wir immer neue niederschmetternde Nachrichten. Sie beteuern, nichts unversucht zu lassen. Eine Operation lehnen sie aber ab, kein Kinderchirurg, sagen sie, wage das in diesem Zustand.

Offene Arme - West

Mein Mann und ich wissen weder ein noch aus. Es bleibt nur eine Hoffnung: die Ärzte in West-Berlin. Schließlich leben wir in einer Stadt: S- und U-Bahnen verbinden beide Hälften. Am Karfreitag fahren wir nach Charlottenburg in die Universitätsklinik Westend und bitten die Ärzte um Hilfe. Sie sind sofort bereit, sich des kleinen Patienten aus dem Osten anzunehmen. Auf schnellstem Weg fahren wir zurück. Doch die Lichtenberger Ärzte wollen Torsten nicht herausgeben. Hartmut und der Oberarzt geraten so heftig aneinander, dass der Streit in eine Rangelei auszuarten droht. Diesen Moment mache ich mir zunutze, gehe einfach ins Krankenzimmer, nehme meinen Jungen aus dem Babybett und stürme hinaus. Noch ziemlich aufgeregt, aber mit Torsten im Arm, kommen wir im Westend-Krankenhaus an.

Ärzte und Schwestern der Säuglingsstation im Kaiserin-Auguste-Victoria-Haus nehmen sich liebevoll seiner an. Wir haben das Gefühl, dass ihm endlich geholfen wird. Zum ersten Mal seit Wochen vertrauen wir den Medizinern. Es dauert nicht lange und sie können uns ihre Diagnose mitteilen: Zwerchfelldurchbruch als Folge der verzögerten Entbindung. Anders als für die Kollegen im Osten gibt es für die Ärzte im Westend-Krankenhaus nur eine Konsequenz: Torsten muss schnellstens operiert werden. Die Speiseröhre war eingeklemmt und schwere Entzündungen setzten dem Magen zu. Der Termin soll gleich nach Ostern sein. Es werden für uns unruhige Feiertage. Am Dienstag bin ich schon früh in der West-Berliner Klinik, um Torsten in seinen schweren Stunden nahe zu sein. Aber dann kommt die überraschende Nachricht: die Ärzte können nicht operieren. Torstens Blut „flocke", erklären sie mir, in seinem Blut befand sich also ein Virus. Das deutet auf eine Bluttransfusion. Ich soll das in der Lichtenberger Kinderklinik klären und fahre aufgeregt zurück in den Osten. Und wirklich: Die Ärzte hatten ihm zwei Bluttransfusionen gegeben, gerade 48 Stunden bevor wir ihn aus der Klinik nahmen. Zumindest eine Blutkonserve war verseucht. Natürlich hätte man die Eltern informieren müssen, aber Fehlanzeige. Die Operation im Westen musste um Wochen verschoben werden. Torstens Befinden verschlechterte sich zusehends.

Erst Ende Mai - er ist vier Monate alt - hat sich sein Blut so weit erholt, dass die Westend-Ärzte die Operation wagen wollen. Sechs Stunden kämpfen sie um sein Leben. Es ist ein großer Erfolg, für den auch danach alles getan wird. Das gesamte Personal kümmert sich aufopfernd um den kleinen Patienten. Torsten hat von nun an eine Sonderstellung. Mag sein, dass der Ost-Westkonflikt mitgespielt hat. Egal, Ärzte und Pfleger im Westend konnten stolz sein, ein Menschenleben gerettet zu haben - eines, das die Ärzte im Osten schon aufgegeben hatten. Sehr dankbar waren wir natürlich, dass die Behandlungskosten der West-Berliner Senat übernahm. Wir hätten die Rechnung wohl kaum bezahlen können.

Seit der Operation war Torsten auf seine Nahrung und die beiden Medikamente angewiesen. Beides schlug so gut an, dass er sich prächtig entwickelte. Deshalb durften wir ihn am 5. Juli nach Hause holen. Die Erlaubnis der DDR-Behörden, die Babynahrung und Arznei aus West-Berlin zu beziehen, mussten wir jeden Monat neu beantragen, für eine Schreibgebühr von einer Mark. Ich war jetzt glücklich und zufrieden. Endlich war die Familie komplett und ich konnte mich wie jede andere Mutter um mein Kind kümmern. Am wichtigsten: Torsten machte, wenn auch langsam, sichtlich Fortschritte.

An Übersiedlung oder Flucht dachten wir damals nicht. Vor dem Mauerbau wäre mein Mann nie in den Westen gegangen. Die S-Bahnfahrt nach West-Berlin kostete uns doch nur 20 Pfennige und unser Leben lag im Bereich der DDR-Normalität. Vielleicht aber hätte man schon das Aufziehen dunkler Wolken ahnen können: Eine Frau, die ihr Kind in einem Staat, der angeblich „alles für das Glück des Volkes" tut, aus einem Krankenhaus „klaut", um es zu den Ärzten der „Klassenfeinde" zu bringen, wird zu einer möglichen Gefahr für die Sicherheit des Staates, also ein Fall für den DDR-Geheimdienst, die Staatssicherheit.

Einer unserer Hausbewohner schrieb in einem Bericht für die Stasi neben anderem auch Einzelheiten aus der Zeit der Geburt unseres Kindes: „Zur Krankheit des Sohnes war folgendes festzustellen: Die Frau hat sich sehr auf das Kind, ihr erstes, gefreut und hatte bei der Geburt bereits alles an Ausstattung, einschließlich des Kinderwagens, zusammen. Sie soll zunächst sehr darunter gelitten haben, dass das Kind so ernst erkrankte ...." Weiter heißt es dort: „Das Ehepaar tritt im Wohngebiet überhaupt nicht in Erscheinung. Geflaggt ist nie, weder zu Staatsfeiertagen noch zu anderen bedeutenden Anlässen." Und: „Allem Anschein nach hat der Ehemann die dominierende Stellung in der Familie."

Taube Ohren - Ost

Mit dem 13. August 1961, dem Tag, an dem die Weltöffentlichkeit den Atem anhielt, veränderte sich die gesamtdeutsche und vor allem die DDR-Welt. In unserem Mikrokosmos kreiste nun alles um das Leben unseres Kindes. Wir wussten natürlich, dass die nach dem Mauerbau von Giselas Freundin Jutta gebrachte letzte Ration der Babynahrung nicht ewig reichen würde. Wir mussten also zum Gesundheitsministerium und uns um das Papier zur Fahrt nach West-Berlin bemühen. Da waren wir noch optimistisch.

Doch schon der Versuch, auch nur Kontakt zu einem Ministerium aufzunehmen, war in diesen Tagen fast ein Abenteuer. Vor allen öffentlichen Gebäuden standen Posten mit Maschinenpistolen im Anschlag, die jedem Unbefugten den Zugang verwehrten. Nach mehreren Versuchen gelang es uns schließlich doch hineinzukommen - obwohl wir keine „Befugnisinhaber" (DDR-Wortschöpfung) waren.

Zu unserer Überraschung empfing uns nach mehreren ergebnislosen Gesprächen, sozusagen zum „krönenden Abschluss", der stellvertretende DDR-Gesundheitsminister Professor Dr. Walter Friedeberger. Wir versuchten ihn zu überzeugen, flehten ihn an, uns die Genehmigung zu geben, um nicht den Tod unseres Kindes zu riskieren. Doch auch er war taub auf diesem Ohr. Ungerührt bemerkte Friedeberger wie beiläufig: „Ja wissen Sie, wenn er so krank ist, wäre es doch für alle Beteiligten besser, Ihr Torsten stirbt."

Für einen Augenblick dachte ich, es kommt zum handfesten Eklat und Hartmut greift sich den Minister, um ihn zu verprügeln. Seine Bemerkung hat sich mir eingebrannt, so einen Satz vergisst man nicht. Seitdem ist Friedeberger für mich der Inbegriff eines gewissenlosen Mediziners. Er war es auch, der den Satz sagte: „Unsere Kindernahrung ist auch sehr gut." Das hat niemand bestritten. Aber wie sich dann ja schon wenig später am 27. August zeigen sollte, war die Nahrung eben für Torsten völlig ungeeignet. Einmal mehr erkannten wir unsere Ohnmacht in diesem Staat, in dem Leben offenbar wenig zählte.

13. August 1961: An der Bernauer Straße

Getarnt als schwer kranker Herzpatient

Glücklicherweise gab es in der DDR auch Menschen wie den Stationsarzt Dr. Burkhard Schneeweiß, den ich in jener Nacht kennen lernte. Wir hatten - Nachschub gab es ja nicht - wohl oder übel Torsten die DDR-Kindernahrung geben müssen. An diesem Abend ging es ihm besonders schlecht. Auch die Ärzte in der Charité waren hilflos. Sie pumpten ihm mehrmals den Magen aus; doch sein Zustand besserte sich nicht, das Fieberthermometer blieb erst bei 40,8° Grad stehen. Nach Mitternacht riet mir Dr. Schneeweiß nach Hause zu fahren.

Was geschah, als ich die Klinik verlassen hatte, hat er mir erst nach dem Ende der DDR erzählt. Er wusste, dass in der Charité weder er noch andere Ärzte dem Kleinen helfen konnten. So rief er die Oberärztin im Klinikum Buch, Ilse Krause, an. Die renommierte Kinderchirurgin versicherte ihm, solche Behandlungen seien in der ganzen DDR nicht möglich. Er hörte jedenfalls heraus, nur die Ärzte, die schon einmal geholfen hatten, könnten jetzt noch nachhaltig Hilfe leisten, also die Ärzte auf der anderen Seite der Mauer im Westend-Krankenhaus. Zwei Wochen nach dem Mauerbau war aber die grenzüberschreitende Verlegung eines Säuglings kaum möglich - mit einer Ausnahme - das waren Herzpatienten. So zog er den Herzspezialisten der Charité, Dr. Gerhard Burgemeister, ins Vertrauen. Er ist der Arzt, der in der DDR die ersten Herzkatheder gesetzt hatte. Sein Vortrag vor der Medizinisch-Wissenschaftlichen Gesellschaft in Thüringen *Was leistet die Elektrokardiographie bei der Differenzierung des Dextro-Kardiekomplexes im Kindesalter?*[1] gehört immer noch zur Lektüre angehender Kinderheilkundler. „Mein Lehrer Burgemeister zögerte in jener dramatischen Nacht keine Sekunde und schrieb die nötigen, aber falschen, Papiere aus. So konnte der kleine Torsten - getarnt als schwer kranker Herzpatient - im Krankenwagen die Mauer von Ost nach West passieren," erinnert sich Schneeweiß. Torstens Rettung verdanken wir diesen beiden großen Ärzten. Professor Schneeweiß ist heute ein berühmter Pädiater und noch immer Freund unseres Hauses.

[1] „European Journal of Pediatrics", 1951, S. 329-344.

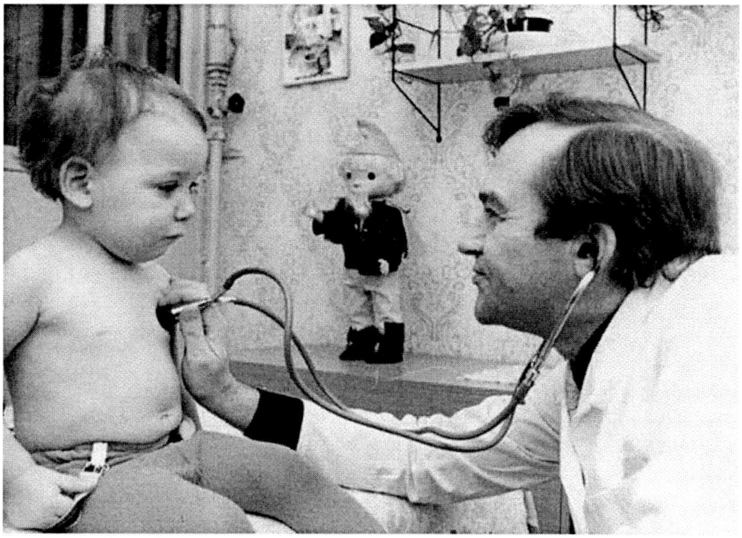

Professor Burkhard Schneeweiß, Kinderarzt, damals Stationsarzt in der Charité

Charité - Kinderstation

Familie Paul

II. Kindheit und Jugend - aus Nazideutschland in die SBZ

Dommitzsch: Rathaus und Kirche 1936

Dommitzsch: Grundschule

Dommitzsch an der Elbe

In Dommitzsch an der Elbe, einer Kleinstadt im Kreis Torgau, etwa halben Weges zwischen Torgau und Wittenberg, wurde ich 1934 geboren. Wolkenbruchartige Regenfälle, von Blitz und Donner begleitet, prasselten an diesem Tag auf die Erde nieder. Nicht sehr romantisch, dieser Ort, Geburtsstätte des Deutschen Ritterordens, den Markgraf Heinrich von Meißen 1223 gerade dort begründete: als Grenzort des Markgrafentums Meißen zum Herzogtum Sachsen war er von strategischer Bedeutung. Manchen ist die Kleinstadt auch bekannt, weil Martin Luther sie auf dem Weg von Wittenberg nach Torgau passierte. Am 7. April 1528 feierte der Reformator sogar mit der Dommitzscher Gemeinde einen Gottesdienst in der Marienkirche, eine große Ehre für die Stadt. Kein Stadtführer lässt das Ereignis heute unerwähnt. Auch Luthers Frau Katharina von Bora - „Herr Käthe" hat er sie genannt - war auf der Strecke unterwegs. Im Herbst 1552 wollte sie vor der Pest in Wittenberg nach Torgau fliehen und dort Quartier nehmen. Nahe Dommitzsch scheuten die Pferde, die Kutsche stürzte um und Katharina wurde schwer verletzt. Vier Tage vor Heiligabend starb sie in Torgau, wo sie in der Marienkirche beigesetzt ist.

Zu Zeiten Luthers war Dommitzsch weitaus größer. Fünf Kirchen hat es gegeben; alle fielen Kriegswirren und Brandschatzungen im Dreißigjährigen Krieg zum Opfer. Im Jahre 981 wird Dommitzsch erstmals nachweislich erwähnt. Damals hat Kaiser Otto II. dem Kloster Memleben die Orte Dommitzsch, Elsnig und Zwethau geschenkt. In Beiträgen zur Geschichte der Stadt wird allerdings vermutet, dass sie „im 7. bis 9. Jahrhundert von den Slawen als kleiner Handelsplatz und befestigter Burgbezirk erbaut wurde." In der von 1443 bis 1493 errichteten Marienkirche wurde ich 1934 getauft, 1948 konfirmiert und 1958 getraut.

Mein Großvater väterlicherseits, Töpfermeister von Beruf, war 1909 Mitgründer einer Tonwarenfabrik in Dommitzsch. Das Töpferhandwerk wurde in seiner Familie bereits in der vierten Generation ausgeübt. Dommitzsch und Umgebung sind landwirtschaftlich geprägt, aber es gab auch eine Reihe Handwerker wie Müller, Metzger, Bäcker oder Brauer.

Die Eltern

Ich bin das zweite Kind meiner Eltern Hedwig und Hermann Paul. Meine Schwester Gisela ist knapp zwei Jahre älter. 1935 gesellte sich noch unser Bruder Gernot hinzu, so dass wir drei Geschwister sind. Mein Vater hat Maschinenbauingenieur gelernt. Meine Mutter stammt aus einem großen Mühlenbetrieb, dem eine Bäckerei angegliedert war und zu der auch eine mittelgroße Landwirtschaft gehörte.

Mein Elternhaus steht am Rande der Stadt, umgeben von Feld und Wiesen. Es ist eine hübsche kleine Villa mit acht Räumen, Küche, Bad

Elternhaus

Segelflugzeug auf Marktplatz

und zwei Toiletten. Dieses Haus haben meine Eltern 1929/30 erbaut, noch vor der Hochzeit; es hatte schon Zentralheizung und fließendes warmes Wasser. Sie errichteten es inmitten eines Obstgartens, den mein Großvater Jahre zuvor angelegt hatte. So standen an die 20 Obstbäume auf dem gut zweitausend Quadratmeter großen Grundstück. Für uns Kinder war das ein Segen, denn wir durften auf den Bäumen herumklettern und hatten dabei großen Spaß. Im Sommer und Herbst konnten wir fast täglich frisches Obst und Gemüse ernten und sofort essen. So hatten wir Vitamine und waren stets an der frischen Luft. Die Lage unseres Hauses am Stadtrand hatte seinen besonderen Reiz: Weinberg und Wald waren fast vor der Tür. Im Wald lockten Beeren und Pilze zum Sammeln. Der Weg zur Schule, zur Kirche, zum Bahnhof, zum Einkauf oder zum Sportplatz dauerte dagegen seine Zeit. Auch wenn wir eine fröhliche Kindheit mit Sport und Spiel hatten, vermissten wir gemeinsame Unternehmungen mit den Eltern. Mein Vater ist mir als viel beschäftigter Mensch in Erinnerung geblieben. Nie hat er uns Vorschriften gemacht oder uns für unsere Missetaten bestraft. Dabei haben wir so manchen Streich mit den Nachbarskindern ausgeheckt.

In der Stadt war unser Vater bei Jung und Alt beliebt. Noch heute erinnern sich daran Menschen, die ihn kannten. Von 1925 bis 1931 hatte Vater einen Lehrauftrag für Metall-, Bau- und Holzgewerbe an der Berufsschule. Anfang der dreißiger Jahre gründete er eine Arbeitsgemeinschaft für Segelflugbau. Mit den Jugendlichen baute er Segelflugzeuge auf der Dommitzscher Kegelbahn. War ein Flieger fertig, stellte die Gruppe ihn auf dem Marktplatz auf. Ein paar Tage später ging es zum Fliegen. Einige der jugendlichen Flugzeugbauer haben später den Flugschein für Segel- und Motorflieger erworben.

Mutter war strenger. Ihr rutschte manchmal schon die Hand aus. Aber richtig geschlagen hat sie nie. Es war meist nur ein kleiner Klaps auf den Po. Bei aller Strenge konnte sie aber auch ansteckend fröhlich sein. Wir haben zusammen gesungen und gelacht, obwohl sie alle Arbeiten für die Familie allein bewältigen musste und viel beschäftigt war. Denn Vater war kaum zu Hause. An Spannungen zwischen unseren Eltern kann ich mich nicht erinnern. Nach meinem Gefühl herrschte eine absolute Harmonie.

Die Eltern: Hedwig und Hermann Paul

Die Tonwarenfabrik

Die Tonwarenfabrik haben 1909 zehn Gesellschafter, drei waren jüdischen Glaubens, gegründet. Mein Großvater, Protestant, als Einziger mit Branchenkenntnis, war als einer der Gesellschafter der ersten Stunde knapp dreißig Jahre der Geschäftsführer, mein Vater war als Ingenieur von 1931 bis 1936 in der Tonwarenfabrik beschäftigt. Meine Geburt fiel in die Zeit, als die Nationalsozialisten in Deutschland die Macht ergriffen hatten. Für viele Menschen im Lande, besonders die jüdischen Glaubens, zeichnete sich eine unsichere Zukunft ab. Unter dem von den Nationalsozialisten verordneten Boykott jüdischen Eigentums litt auch die kleine Tonwarenfabrik. Einhundert Arbeitsplätze waren zu sichern und Aufträge für Industrieartikel, Gebrauchsgeschirr und Zierkeramik zu werben. Die Lage der Firma wurde immer schwieriger, ihr drohte das Aus. Einige Gesellschafter wollten ihre Anteile so schnell wie möglich abstoßen. Die Mitinhaber jüdischen Glaubens boten ihre Anteile zum halben Preis an, manche gar zum Nulltarif.[2] Sie fürchteten mit ihrem anderen Vermögen für die Fabrik gerade stehen zu müssen, in Regress genommen zu werden. Einige versuchten, das Land alsbald zu verlassen.

Auch mein Großvater bürgte mit seinem gesamten Vermögen für die Firma. Die Gesellschafter suchten gemeinsam nach Mitteln und Wegen, den drohenden Konkurs abzuwenden. Unterstützung erbaten sie sich vor allem von meinem Vater. Er genoss - auch nach seinem Ausscheiden aus der Firma - das uneingeschränkte Vertrauen der Gesellschafter und der Belegschaft. Alle erwarteten von ihm Erfolge. Die Gesellschafter wollten ihre Bürgschaften loswerden, die Arbeiter hofften, er könne die Arbeitsplätze erhalten.

In diese sorgenvollen Jahre fiel meine Kindheit. Für gemeinsame Erholung mit uns Kindern blieb den Eltern kaum noch Zeit. Immer wieder versprachen sie das zu ändern. Aber die Hoffnungen erfüllten sich nicht, unsere Wünsche blieben lediglich Träume.

[2] Schreiben des Mitgesellschafters Bernhard Weissmann, S. 167 (Dokumente).

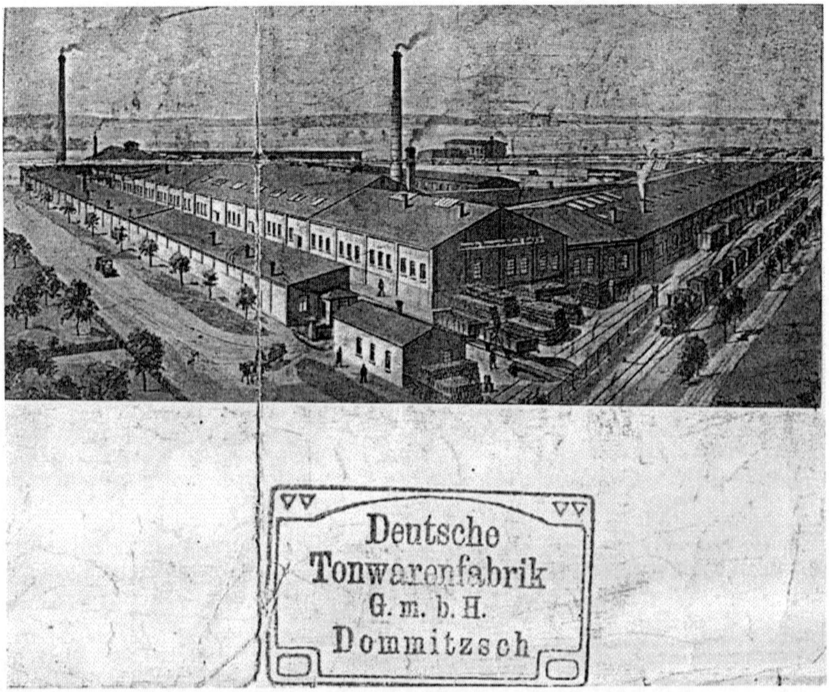

Deutsche Tonwarenfabrik

Aus der Tonwarenfabrik

Judenboykott und Firmenwahrheit

Mit dem Beginn des Zweiten Weltkriegs gruben sich die Sorgenfalten bei den Eltern und Großeltern immer tiefer ein. Damals wurde ich gerade eingeschult. Zur Grundschule ging ich in Dommitzsch. Von der fünften Klasse an musste ich mit dem Zug zur Oberschule in die Kreisstadt Torgau fahren. Das war im Sommer 1944. Der Krieg wurde immer heftiger. Tag und Nacht waren Städte und Dörfer Ziel von Bombardierungen. So fiel der Unterricht oft aus, weil die Bewohner schon tagsüber Schutz in Luftschutzkellern und Bunkern suchen mussten. Gab es dann endlich Entwarnung, fuhr kein Zug mehr nach Dommitzsch. Nicht selten blieb mir keine andere Wahl als die 15 Kilometer zu Fuß zu gehen - ein gefährliches Unterfangen, denn vereinzelt griffen immer mal wieder Tiefflieger an, so schnell, dass ich mich nicht einmal mehr hinter einem Baum oder einem Strauch verstecken konnte. Bis heute ist es für mich ein Wunder, dass sie mich nicht erwischt haben. Die Ängste verfolgen mich noch heute. Mit jedem Krieg, mit jeder neuen Grausamkeit sind sie wieder da.

1938 hat mein Großvater die Anteile aller anderen Gesellschafter, auch derer jüdischen Glaubens, gekauft. Unter dem gewachsenen Druck der Nazi-Pogrome und des Judenboykotts hatten sich die Beteiligten schließlich darauf verständigt, um die Fabrik zu retten. Banken wollten die Firmenkredite nicht verlängern, sollte die Tonwarenfabrik bis zu einer anstehenden Entscheidung darüber nicht endlich die Arisierung vollendet haben.[3] Das Amtsgericht Dommitzsch kündigte an, die Bezeichnung „Deutsche“ im Firmennamen aus dem Handelsregister zu löschen, weil sie dem Grundsatz der Firmenwahrheit widerspreche.[4] Nach der Übernahme der jüdischen Gesellschaftsanteile gaben sich die Banken zufrieden; die Produktion konnte weiterlaufen. Vater wurde 1941 Alleininhaber. Aus Altersgründen legte Großvater, inzwischen über 70, die Geschicke der Tonwarenfabrik in die Hände seines Sohnes. Zwei Gesellschafter jüdischen Glaubens haben noch vor Ausbruch des Weltkrieges Deutschland in Richtung Mittelamerika verlassen können. Die Eheleute Weissmann, gleichfalls ehemalige Gesellschafter, blieben in Leipzig, trotz der Verfolgung durch die

[3] Bankschreiben, S. 169 (Dokumente).
[4] Schreiben Gericht, S.168 (Dokumente).

Kriegsgefangene und Zwangsarbeiterinnen helfen beim Löschen in der Tonwarenfabrik, Dommitzsch 1944

Nazis. Sie wurden im November 1942 in das Konzentrationslager Theresienstadt deportiert. Herr Weissmann wurde ermordet, seine Frau überlebte. Sie kehrte nach dem Krieg nach Leipzig zurück und nahm sofort wieder Kontakt zu uns auf.

Kriegsgefangene

Im Krieg wurde Geschirr Mangelware, nicht zuletzt, weil die Bombardements Häuser, Gebäude und Fabriken in Schutt und Asche legten und damit natürlich auch viel Geschirr zerstörten. Die Produktion von Gebrauchsgeschirr nahm in der Fabrik erheblich zu, es mussten zusätzliche Arbeitsplätze geschaffen werden. Die Männer aber waren fast alle im Krieg. So hat der Betrieb auch englische und französische Kriegsgefangene und Zwangsarbeiterinnen aus der Ukraine beschäftigt. Meinen Eltern gelang es, zu allen ein Vertrauensverhältnis aufzubauen.[5] Immerhin waren die unglücklichen Menschen bei uns wohl noch besser aufgehoben als ihre Landsleute in den Lagern. Mit Elan und Phantasie haben sie versucht, den Entbehrungen und Leiden ihres Gefangenendaseins ein wenig zu entkommen. Franzosen und Engländer führten Theaterstücke auf: im Gemeinschaftsraum auf einer richtigen Bühne, die sie dafür gezimmert hatten; die Ukrainerinnen schneiderten die Kostüme und sorgten für das leibliche Wohl der Zuschauer. Viele Dommitzscher Einwohner waren natürlich eingeladen und ließen sich das nicht entgehen. Theater in Dommitzsch war damals ein Erlebnis besonderer Art.

Doch dies alles konnte die schrecklichen Kriegsereignisse immer nur für kurze Zeit vergessen lassen. Der Krieg tobte weiter und die Fronten rückten näher. Meine Eltern hielten den unseligen Krieg längst für verloren. Damit waren sie sich mit vielen Freunden einig, auch mit den ausländischen Beschäftigten der Tonwarenfabrik. Gemeinsam hörten sie so genannte Feindsender, höchstgefährlich in dieser Zeit. Zudem stiegen die Zerstörungen der Städte und die Verluste in der Zivilbevölkerung ins Unermessliche. Man schmiedete Pläne für die Zukunft und tauschte Adressen aus, um nach dem Ende des Krieges in Kontakt zu bleiben

[5] Betriebsrat zu Hermann Pauls Verhalten gegenüber Kriegsgefangenen und Zwangsarbeiterinnen, S. 170.

Kriegsende und Vaters „Verschwinden"

Noch bevor sich die Siegermächte aus West und Ost am Brückenkopf Torgau die Hände reichten, setzten sowjetische Truppen elbabwärts nahe unserer Stadt über die Elbe, um von hier aus die letzte Bastion einzunehmen. Im Lande wurde kaum noch gekämpft. Nur in Berlin gab es harte Straßenkämpfe, bei denen viele junge Soldaten, darunter Kinder, in letzter Sekunde ihr Leben verloren. Der Wahn des Endsiegs beseelte noch immer fanatische verantwortungslose Offiziere. Sie trieben die jungen Leute in den Tod. Ein grauenvoller Krieg ging zu Ende, Adolf Hitlers Wahnvorstellung von der Weltherrschaft forderte viele Opfer auf allen Seiten. Das Ende des Hitlerregimes brachte den Überlebenden in den Konzentrationslagern und den Kriegsgefangenen, den Zwangsarbeitern, aber auch den Deutschen Befreiung vom Hitler-Terror.

Fast alle Völker hatten mit dem Ende des Zweiten Weltkrieges, am 8. Mai 1945, hohe Verluste zu beklagen. Viele Familien sorgten sich um Väter, Söhne und Enkel. Der Krieg hatte mehrere Millionen Menschenleben gefordert, die Kriegsverbrechen der Nationalsozialisten ebenso. Zudem waren viele Menschen, Junge und Alte, aus der Heimat geflüchtet oder mussten sie verlassen, hatten Hab und Gut verloren, Hunger war ihr ständiger Begleiter. Auch unsere Familie hatte Tote zu beklagen und suchte nach Vermissten. Nun aber sehnten sich die so stark vom Schicksal gebeutelten Menschen nach Frieden, nach Zusammenführung der zwangsweise Getrennten und nach der Rückkehr in die Heimat. Für viele erfüllten sich diese Wünsche nicht.

Deutschland war bald zweigeteilt. Der Westen gehörte zum Hoheitsgebiet der drei Westalliierten und der Osten zu dem der Sowjetunion. Die Demarkationslinie durchschnitt mein Vaterland. Die Menschen hatten unterschiedliche Entwicklungschancen, je nachdem, in welchem Teil sie wohnten. Dommitzsch, meine Heimatstadt, lag in der Sowjetisch Besetzten Zone (SBZ), in der die Sowjetunion eine Diktatur errichtete. Die in den Westzonen von Amerikanern, Engländern und Franzosen aufgebauten demokratischen Strukturen ließen schnell eine gute wirtschaftliche Entwicklung erkennen. Dagegen brachte die sowjetische Zwangsherrschaft östlich der Elbe viel Leid und Grausamkeiten über die Menschen. Für viele begann dort eine neue Zeit von Verfolgung, Verschleppung und Vertreibung. Menschen verschwanden aus ihren Häusern. Unter dem Verdacht, den Nationalsozialisten gedient zu haben, internierten die Sowjets Männer, Frauen, selbst Kinder ohne Haftbefehl. Schlimmer noch, Verrat und Denunziation waren Tür und Tor geöffnet. Auch wir waren in tragischer Weise davon betroffen.

Es war der 5. Mai 1945, ein wunderschöner Frühlingstag. Mutter hatte zum Wochenende gerade einen Rührkuchen gebacken, Vaters Lieblingskuchen. Der Kaffee stand auf dem Tisch. Der Duft zog durch das ganze Haus. Da klingelte es. Vater öffnete. Wir haben ihn nie wieder gesehen. Verschwunden, von einem Moment zum anderen. Sowjetische Soldaten haben ihn uns weggenommen. Es gab kein Verabschieden, keine Umarmung, keinen letzten Kuss. Fort, einfach fort war er. Für uns, für die Familie, verschwand er für immer. Mutter bekam keinerlei Nachricht, nie erfuhr sie den Grund für seine Verschleppung. Wir sahen ihn nicht wieder.

Über Vaters Schicksal gab es bald schreckliche Gewissheit. Dommitzscher Bürger haben beobachtet, wie man Vater und einen zweiten Mann auf einem offenen Pferdewagen, von Sowjetsoldaten bewacht, über die Landstraße Richtung Torgau brachte. Das Zuchthaus Torgau wurde Ende des Krieges eines der berüchtigten sowjetischen „Speziallager". [Von 1942 bis 1945 war in Torgau das Reichskriegsgericht untergebracht. NS-Richter fällten dort gegen „Wehrmachtsdeserteure" und „Kriegsverräter" 800 Todesurteile - mindestens 250 wurden an Ort und Stelle vollstreckt.]

Später kam Vater nach Bautzen. Von dort wurde er im Juni 1945 mit dem ersten Transport zusammen mit 1311 anderen Verschleppten in das Lager des sowjetischen Geheimdienstes NKWD in Tost in Oberschlesien gebracht. Dort lebte er unter katastrophalen Bedingungen und ist am 14. September 1945 qualvoll verstorben. Dommitzscher Kameraden, die aus dem Lager Tost heimkehrten, einer von ihnen war Karl Kupfer, haben meiner Mutter trotz zu erwartender Repressalien an Eides statt versichert, Vater sei der Wundrose, einer Infektionskrankheit, erlegen. Mit weiteren 3000 Toten wurde er dort in einer ehemaligen Kiesgrube verscharrt.[6]

[6] Zusammengestellt nach „Transportlisten nach Tost/OS" und Auskunft des Deutschen Roten Kreuzes 1996.

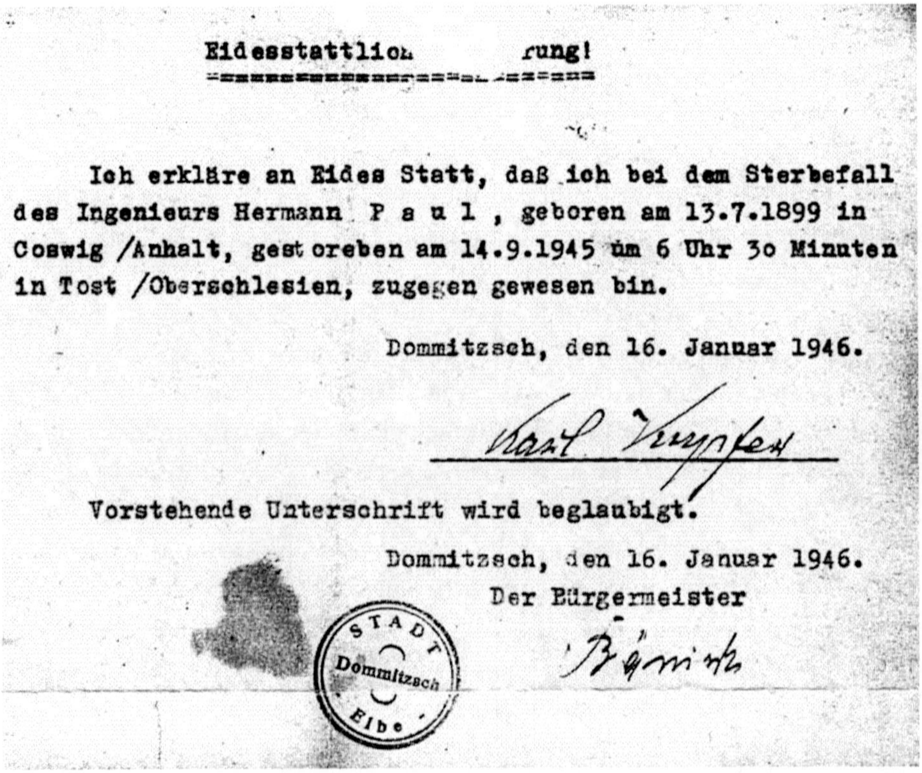

Eidesstattlic[illegible]rung!

Ich erkläre an Eides Statt, daß ich bei dem Sterbefall des Ingenieurs Hermann P a u l , geboren am 13.7.1899 in Coswig /Anhalt, gest oreben am 14.9.1945 üm 6 Uhr 3o Minuten in Tost /Oberschlesien, zugegen gewesen bin.

Dommitzsch, den 16. Januar 1946.

Karl Kupfer

Vorstehende Unterschrift wird beglaubigt.

Dommitzsch, den 16. Januar 1946.
Der Bürgermeister

STADT Dommitzsch Elbe

Eidesstattliche Erklärung Karl Kupfer

Hinweis auf NKWD-Massengrab in Tost

Geschwister Paul vor dem Mahnkreuz

1992 besuchten meine Geschwister und ich das Massengrab in Tost (Toszeck). Das Mahnkreuz in unmittelbarer Nähe des Grabes erinnert an die vielen von Mai bis November 1945 im Lager umgekommenen Toten. Wie Sybille Krägel und Siegfried Petschel in ihrer Bilddokumentation „Tost - Gefangenenlager des sowjetischen NKWD in Oberschlesien", feststellen, war Tost ein Zwangsarbeitslager. Die Häftlinge mussten zumeist Feldarbeit verrichten. Überlebende beschreiben es so: „Wir hatten Kartoffeln zu roden. Doch wehe dem, der in der Furche eine Kartoffel übersehen hatte! Sonst gab es dafür „nur" Schläge, aber heute hatten sich unsere Bewacher - „beflügelt" vom Wodka und vom damals noch frischen Hass gegen uns - etwas Besonderes ausgedacht. Jeder Dritte von uns musste vortreten. Die anderen mussten Frösche fangen, und die Russen gruben behände eine Anzahl Feldmäuse aus. Die ausgesuchten Opfer wurden nun gezwungen, einen lebenden Frosch zu verschlucken. Gelang ihnen das nicht, wurde ihnen von den Russen mit Hilfe des Bajonetts eine lebende Maus in den Mund geschoben und die Nase solange zugehalten, bis die Maus verschluckt war. Erbrechen, Schläge, Schreie - das nutzte nichts. Die Maus musste herunter! Bei der Prozedur erstickten vierundzwanzig Gefangene. Weitere vierzehn Kameraden kamen in das Lazarett und wurden nie mehr gesehen.“ [7]

Nach der Besetzung Deutschlands verabredeten die Alliierten, in den von ihnen besetzten Gebieten bzw. Zonen Internierungslager für besonders belastete NS-Funktionäre einzurichten. Dazu nutzten sie nicht selten die kurz zuvor befreiten Konzentrationslager der Nazis. Buchenwald bei Weimar (SBZ) gehörte genauso dazu wie Dachau in Bayern. Ein Befehl Stalins vom 12. April 1945 legte fest, dass „militärische Verbrecher“ (Kriegsverbrecher), Angehörige der Gestapo und anderer Straforgane, NS-Aktivisten, HJ-Führer auf Orts-, Kreis- und Gebietsebene, Volkssturm, SS und SA sowie Verantwortliche der Gefängnisse, der Konzentrationslager und Militärkommendanturen und anderer faschistischer Einrichtungen des Staatsapparats „in Arrest zu nehmen sind.“ [8]

In der gesamten SBZ und jenseits von Oder und Neiße hießen die Lager „Speziallager“. Bis 1950 blieben sie in Betrieb, erheblich länger als die der Westalliierten. Zudem nahmen es die Sowjets mit dem Begriff „NS-belastet“ nicht so genau. Gelang es einem Verhafteten zu fliehen, füllten die Sowjetsoldaten die Zahl wahllos durch Aufgreifen irgendwelcher Personen, Passanten auf der Straße, Bauern auf dem Felde, wieder auf. Die Sowjets glaubten offenbar auch der Nazipropaganda der letzten Tage, wonach sich die deutsche Jugend als „Werwolf“ gegen die Besatzer erheben werde.

So wurden in der SBZ Tausende 12-16-Jährige verhaftet und als angebliche „Werwölfe“ in Lager gesteckt. Die Lebensbedingungen dort waren - weil permanent überbelegt - äußerst schlecht, auch bei den Westalliierten. Tausende, Zehntausende verhungerten, erfroren oder starben an Infektionserkrankungen wie Ruhr, Typhus und Herpes. Die hygienischen Bedingungen waren katastrophal. Jedem Internierten standen am Anfang nur 0,8 qm Raum zur Verfügung. Ausreichend Platz bekamen die Männer, Frauen und Kinder nur, wenn viele starben.

[7] Aufsatz v. Otto Riedel, 1967, zitiert nach Krägel und Petschel, S. 23.
[8] Achim Kilian *Die Häftlinge in den sowjetischen Speziallagern der Jahre 1945-50* S. 385 ff..

Die Häftlinge in den Lagern der Westalliierten haben schon bald mit ihren Angehörigen Kontakt aufnehmen können. Viele der von den Sowjets „Abgeholten" aber verschwanden für immer; mit Ausnahme der überlebenden Insassen der Lager, die sowjetische Behörden 1950 der DDR übergaben. Das Schicksal der Verschleppten, die verschwunden waren, konnte nicht selten erst nach 1990 aufgeklärt werden. Auf Nachfragen hatten sowjetische Behörden bis 1950 erklärt, der Betreffende befinde sich gar nicht in ihrem Gewahrsam. Die DDR verurteilte die ihr Übergebenen ohne viel Federlesen zu zum Teil sehr hohen Strafen - darunter 32 Todesurteile, davon 24 vollstreckt. Weil die Prozesse unter Missachtung elementarer Regeln eines rechtsstaatlichen Verfahrens stattfanden, hat der Deutsche Bundestag die sogenannten Waldheimer Urteile[9] des Landgerichts Chemnitz, die fließbandartig alle halbe Stunde gesprochen wurden[10], ausnahmslos als rechtsstaatswidrig angesehen (§ 1 Abs. 2 Strafrechtliches Rehabilitierungsgesetz, StrRehaG). Über die Speziallager hatten die Sowjets ein Tabu verhängt. Darüber durfte in der DDR nicht gesprochen werden. Betroffene schwiegen ängstlich. Es war der staatliche Versuch, Vergessen zu erzwingen. Viele hielten sich daran bis 1990.

Mit der Verschleppung unseres Vaters brach für uns eine schwere Zeit an. Die Fabrik wurde aufgrund alliierter Bestimmungen sequestriert. Damit hatte Mutter keine Einnahmen mehr für unseren Lebensunterhalt. Das Haus mussten wir räumen, weil die Sowjets hier ihren Kommandostab einrichten wollten. Wir bewohnten es noch, als sowjetische Soldaten mehrere Männer in unseren Keller brachten und dort einsperrten. Ich erinnere mich, wie meine Mutter mutig einen „Gefangenen" nach dem Namen fragte. Offenbar dachte sie dabei an Vaters Schicksal und hoffte, die Angehörigen des Unglücklichen informieren zu können. Doch der Mann blieb stumm, er zitterte am ganzen Körper. Wir schauten in ein völlig verschwollenes Gesicht; vermutlich hatten die Soldaten ihn mit ihren Gewehrkolben so übel zugerichtet. Jahre später meldete er sich bei meiner Mutter, um sich zu bedanken. So erfuhren wir, wie es ihm in unserem Haus und an anderen Orten der langjährigen Internierung ergangen war.

[9] Vom 21. April bis zum 29. Juni 1950 im Zuchthaus der sächsischen Kleinstadt Waldheim.

[10] Nur in 10 der 3400 Fälle ließ sich das Gericht die Zeit, Angeklagte - wenn sie zweifelsfrei als belastet erschienen - öffentlich in Schauprozessen abzuurteilen.

Ich kam nachmittags nach Hause, als er sich gerade von meiner Mutter verabschiedete. Beide hatten verweinte Gesichter. Angesprochen darauf, erzählte mir meine Mutter, dass er von seinen schrecklichen Erlebnissen in NKWD-Lagern berichtet habe.

Als Übergangsquartier diente uns nun die kleine, ehemalige Müllerstube im Mühlenbetrieb der Großeltern. Nur das Lebensnotwendigste hatten wir mitnehmen können. Es fehlte uns fast an Allem. Besonders schmerzte mich, dass wir das Klavier zurücklassen mussten. Ich hatte so gern darauf gespielt. Das brachte mich auf andere Gedanken. Bedrückend war auch die qualvolle Enge unserer neuen Behausung. Nicht einmal ein Tisch fand darin Platz, Schulaufgaben erledigte ich gebückt sitzend auf dem Doppelstockbett. Aber mit dem Ende des Krieges normalisierten sich ganz allmählich die Verhältnisse. Die Schule fing wieder an, es fuhren wieder Züge nach Torgau. Doch meiner Mutter fehlte oft das Geld für unsere Monatskarten. Bald wussten meine Klassenkameraden, warum ich nicht zur Schule kam. Sie sammelten Geld und brachten mir die Monatskarte vorbei. Diese Geste werde ich nie vergessen. Ich fühlte Dankbarkeit, aber auch Scham, die wohl mein späteres Leben mitprägte. Nie wieder wollte ich so auf Almosen angewiesen sein.

Doch die Lebensumstände blieben für die Familie katastrophal. Der Ernährer fehlte, die Existenzgrundlage war uns entzogen, die Zukunft schien nicht gerade rosig. Kommunisten, Einheimische noch dazu, haben uns das Leben zusätzlich schwer gemacht. Die Sowjetische Militäradministration (SMAD) hatte nämlich geprüft, ob Vater - NSDAP-Mitglied seit 1939 und stellvertretender Ortsgruppenleiter in Dommitzsch - sich etwas hatte zu schulden kommen lassen. Das Ergebnis fiel aber zu seinen Gunsten aus, wie mir mein Großvater berichtet hat: Bei Vater habe es sich „weder um einen fanatischen Nazi noch um einen Menschenrechtsverletzer“ gehandelt. Dies habe ihm der mit dieser Angelegenheit befasste Mitarbeiter der Landesprovinzialregierung Sachsen-Anhalt, Herr Batt, persönlich mitgeteilt. Es war aber wohl so, dass die Häscher ihre Vorgaben bei ihm - aber auch bei vielen anderen - etwas zu großzügig ausgelegt haben.

Als die SMAD ihren Beschluss über meinen Vater gefasst hatte, wurde meiner Mutter das sequestrierte Vermögen im September 1946 rückübertragen. „Die Provinz-Kommission zur Durchführung der Befehle

124/126 der Sowjetischen Militär-Administration hat nach eingehender Prüfung entschieden, Ihnen Ihr Vermögen zurückzugeben.“ Wir konnten also wieder in unser Haus einziehen. Doch uns bot sich jetzt ein grauenvolles Bild. Der Garten war verwüstet; wo einst Rosenrabatten standen, machten sich nun Misthaufen breit. Im Wasserbecken hinter dem Haus schwammen Innereien, Gedärme von Rindern und Schweinen. Das Mobiliar im Haus war großenteils demoliert, Tapeten waren beschmiert oder heruntergerissen, Polstergarnituren zerfetzt. Am schlimmsten war es im Keller: Die Fenster waren zugemauert; die dorthin gebrachten festgenommenen Leute sollten keinen Blick nach draußen werfen können. Im Vorkeller lagen Berge geschorener Haare, vermischt mit Exkrementen. Wir brauchten lange, bis wir wieder menschenwürdige Zustände hergestellt hatten. Doch, ein Wunder, das Klavier war noch da, fast unbeschädigt.

In den letzten Kriegstagen hatte Vater eine Stahlkassette mit den wichtigsten Unterlagen der Familie vergraben. Mutter wusste das, sie wusste aber nicht wo. Bei den Aufräumarbeiten im Garten half ihr dann ein Maulwurf. Als er seine Hügel aufwarf, wollte sie ihn mit dem Spaten ausheben. Dabei stieß sie auf etwas Festes; es war die lange vermisste Kassette.

Die Freude über unseren wieder erlangten Besitz währte aber nicht lange. Einer Handvoll Kommunisten - sie hatten in der SBZ die Macht - gelang erneut die Beschlagnahme unseres Eigentums. In ihrer Machtbesessenheit verbreiteten sie nur Lügen über Vater. Wieder musste meine Mutter allein den Kampf um die Existenz und die Erziehung der Kinder führen. Wohl wissend, dass der Vater tot war und sich nicht mehr verteidigen konnte, schafften es die Kommunisten, einen großen Teil der Belegschaft gegen uns aufzuhetzen. Am meisten verfingen ihre Verleumdungen bei den ganz jungen Beschäftigten, 15- bis 17-Jährigen. Ältere, die Vater noch kannten, weigerten sich, die Hetzkampagne mitzumachen.

Überprüfungen der Behörden ergaben erneut eine einwandfreie und tadellose Haltung meines Vater gegenüber seinen Mitarbeitern. Das bezeugten einige ehemalige Gefangene. Viele hatten das plötzliche Verschwinden ihres Chefs vier Tage vor Kriegsende noch miterlebt und waren entsetzt. Ein Franzose besuchte uns Jahre später und war sehr betroffen, dass sich seine Hoffnung, ihn wieder zu sehen, nicht erfüllte.

Vater konnte sich mit den Kriegsgefangenen und Zwangsarbeiterinnen in ihrer Sprache verständigen und versuchte ihre Wünsche so gut es ging zu erfüllen. Ein deutliches Zeichen seiner Beliebtheit war, dass alle 1944 bei einem Großbrand in der Fabrik mit zugepackt haben.[11] Auch die Dommitzscher halfen mit Wassereimern. Fast ein Drittel des Betriebs fiel den Flammen zum Opfer. Nach drei Tagen waren immer noch kleine Brandherde zu löschen. Das Feuer hatte ein deutscher Jugendlicher gelegt.

Sehr geschätzt hat auch der einstige jüdische Mitgesellschafter Bernhard Weissmann unseren Vater. Seine Witwe hat sich gleich nach ihrer Rückkehr 1945 aus dem Konzentrationslager Theresienstadt bei unserer Familie gemeldet. Sie blieb mit meiner Mutter und meinen Großeltern in herzlicher Verbindung. Am 23. Dezember 1945 schrieb sie:

Liebe Frau Paul!

Aufgeschrieen habe ich, als gestern die liebe Frau Lock mir die Nachricht vom Tode Ihres lieben Gatten brachte! Und ich hatte so sehr den lieben Gott gebeten, dass Er am Leben bleiben soll ..... Er hat für Brot gesorgt. Schöne Kinder, liebe Eltern, geachtet und geschätzt, sind Sie immer gewesen. Trostworte weiß ich keine. Aber Sie haben heilige Pflichten an Ihren Kindern zu erfüllen und nur Arbeit hilft über alles hinweg..... Nichts ist zu Ende, das Leben geht weiter. Und so halten Sie es auch.

Herzliche Grüsse
Ihre Regina Weissmann

Sehr geehrter Herr Paul, liebe Frau Paul!

Frau Lock kam mit der unfassbaren Nachricht vom Tode Ihres Sohnes. Wie schrecklich und traurig ist es. ... Ich spreche Ihnen mein herzliches Beileid aus. Nun waren Sie so lieb, mir den Kocher zu schicken. Ich danke Ihnen herzlich und bitte Sie mir bald den Preis dafür mitzuteilen.

Nehmen Sie meine besten Grüsse
Ihre Sie hochschätzende
Frau Regine Weissmann

[11] Foto S. 36.

Sozialistische Beute: Tonwarenfabrik

Karl Kupfers Erklärung über den Tod meines Vaters reichte, damit uns das Kreisgericht Torgau am 22. Februar 1946 einen Erbschein ausstellte. Noch lange haben einige Dommitzscher den Tod meines Vaters angezweifelt. Das Amtsgericht stellte am 9. September 1948 - also zweieinhalb Jahre später - erneut den Tod meines Vaters am 14. September 1945 in Tost/ OS fest. Doch die Querelen hörten nicht auf. So wandte sich meine Mutter an die für solche Angelegenheiten höchste Stelle, das Standesamt I in Berlin. Es bestätigte nochmals am 4. April 1949 amtlich den Tod. Im Amtsgericht Torgau händigte man uns daraufhin eine „Bestätigung" des Erbscheins aus. Danach wurde die Tonwarenfabrik meiner Mutter und uns drei unmündigen Kindern offiziell als Erbe übertragen. Wir waren nun im Handelsregister als Eigentümer des Betriebes eingetragen.

Die Sowjets haben später nochmals Vaters Rolle als Parteigenosse und sein Verhalten während der Nazizeit gründlich überprüft und ihn wieder als unbelastet eingestuft. Danach erhielten wir zwei Schreiben:

Landesregierung Sachsen Anhalt — *Halle (Saale), den 30.7.1948*
Minister des Inneren

Aktz.: Abt. VI Ref. Ia Sch.(19a)

An die Firma
Deutsche Tonwarenfabrik
Dommitzsch
Kreis Torgau

Auf Grund des Befehls Nr. 64 des Obersten Chefs der sowjetischen Militäradministration in Deutschland vom 17.4.1948 wird die gemäß Befehl Nr. 124 vom 30.10.1945 angeordnete Beschlagnahme Ihres Vermögens mit Wirkung vom 30.4.1948 aufgehoben.

Im Auftrag:

Unterschrift (unleserlich)

Der Rat des Landkreises Torgau *Torgau, den 26.Aug.1948*
-Abt. Wirtschaft u. Verkehr-
-Vermögensverwaltung-

Frau Hedwig Paul
Dommitzsch
Mahlitzscher Weg 7

Betr.: Rückgabe der Deutschen Tonwarenfabrik, Dommitzsch
Bezug: Verfügung der Landesregierung Sachsen-Anhalt Minister des Inneren - Abwicklungsstelle für Enteignung vom 31.7.48 - Aktz.: J VI/Ia Ba/Li. -
Gemäß o. Verfügung der Landesregierung und der Ihnen direkt zugestellten Rückgabeurkunde über obigen Betrieb haben wir den bisherigen Treuhänder, Herrn Rothmann, abberufen und gleichzeitig angewiesen, die Übergabe des Vermögens an Sie durchzuführen.

gez. R i e s c h k e
Landrat

Jetzt sollten wieder normale Verhältnisse herrschen und die Tonwarenfabrik in ruhigeres Fahrwasser kommen. Doch die Verfolgungen unserer Familie wollten kein Ende nehmen. Seit dem Sommer 1945 lief die Produktion wieder. Aufträge gab es genug. Weil Vater tot war, stand Großvater, fast achtzig, der neuen Leitung mit Rat und Tat zur Seite. Aber die Kommunisten hatten immer noch nicht ihr Vorhaben aufgegeben, uns zu enteignen. So bereiteten sie einen Strafprozess gegen meinen toten Vater vor. Dem Verfahren lag die Kontrollratsdirektive 38 - zur Verfolgung tatsächlicher Kriegsverbrecher - in Verbindung mit den §§ 40, 42 Strafgesetzbuch (StGB/DDR) zugrunde.[12] Dazu benutzten sie den Befehl 201 und die Kontrollratsdirektiven 10 und 38, die die Rechtsgrundlage für die Verfolgung von Kriegsverbrechern sein sollten. 1950 leitete die Staatsanwaltschaft Halle/Saale ein Verfahren mit den damals üblichen Praktiken der DDR-Unrechtsjustiz und mit Unterstützung der Staatssicherheit ein.

Was uns geschah, ist nur ein Beispiel des Missbrauchs der 1947/48 herausgegebenen Verordnung zur Verfolgung von Kriegsverbrechern. Für meine Mutter wurde es immer schwieriger, sich gegen die neuen Machthaber zur Wehr zu setzen. Eine Schlüsselrolle spielte der damalige Bürgermeister

[12] Formal richtete sich dieses sogenannte objektive Verfahren nicht gegen den verstorbenen Vater. Vielmehr sollten die Vorschriften der §§ 40, 42 StGB/DDR eine selbständige Vermögenseinziehung ermöglichen.

Georg Graupe. Er persönlich verwehrte meiner Mutter und der von ihr eingesetzten Betriebsleitung den Zutritt zu unserem rechtmäßigen Eigentum. Er hat sich - skrupellos genug - selbst als Treuhändler für die Fabrik eingesetzt. In einem Schreiben des Rates der Stadt Dommitzsch an meine Mutter bezieht sich Graupe auf eine Verfügung des Landkreises Torgau, die bis heute niemand gesehen hat. Eine entsprechende amtlich beglaubigte Bestallungsurkunde vom Rat des Landkreises Torgau hat er niemals vorgelegt. Damit hatte er freie Hand, die Denunziationen mit Hilfe der Abteilung K 5, dem Vorläufer des DDR-Staatssicherheitsdienstes, fortzusetzen.

All das warf dunkle Schatten auf meine Jugendjahre. Am 8. Februar 1950, dem Gründungstag des DDR-Geheimdienstes, fand bei uns eine Hausdurchsuchung statt. Wichtige Unterlagen wurden beschlagnahmt, wie etwa persönliche Briefe der Witwe des jüdischen Gesellschafters Weissmann oder die Rückgabeurkunden im Original von 1946 und 1948. Großvater kam ohne Haftbefehl in Stasihaft. Großmutter wollte ihm noch schnell eine Stulle zustecken, doch man schlug sie ihm aus der Hand und zertrat sie im Sand. Solche schlimmen Praktiken waren die Regel, wenn Leute politischer Vergehen verdächtigt und dann festgenommen wurden. Ich spürte nur noch Verachtung, Verbitterung und Zorn.

Nach dem Willen der Staatsanwaltschaft sollte die 9. Kleine Strafkammer des Landesgerichts Halle/S. das Vermögen meines Vaters nach §§ 40, 42 StGB/DDR einziehen. Der frühere beisitzende Richter in den Waldheimer Prozessen, Otto Jürgens[13], hatte als „aufsichtführender Staatsanwalt“ die sogenannte Antragsschrift verfasst. Entsprechend eröffnete das Gericht durch Beschluss vom 29. Januar 1951 das Hauptverfahren.

Abgesehen davon, dass darin schon zwei wesentliche Fehler in Vaters Personalien enthalten waren, entbehrten die Anschuldigungen gegen ihn auch jeder Grundlage. So wurde er beschuldigt, „auf Kosten rassisch Verfolgter mittels Zwangsverkauf und ähnlicher Rechtsgeschäfte Vorteile für sich erlangt und als Denunziant die Einleitung eines Verfahrens zum Schaden eines anderen wegen seiner politischen Gegnerschaft zum Nati-

[13] Jürgens gehörte zur neuen Generation von DDR-Justizangehörigen, die in Schnellkursen zu „Volksrichtern“ ausgebildet und dann als Staatsanwälte und Richter eingesetzt wurden, vgl. S.165. Wegen seiner Beteiligung an den Waldheimer Prozesse wurde er 1993 vom LG Leipzig zu einer 2-jährigen Bewährungsstrafe verurteilt.

onalsozialismus herbeigeführt zu haben." Zur Begründung heißt es dort, mein Vater sei durch Arisierung der Tonwarenfabrik und im Zusammenhang damit durch Zwangsverkäufe der Anteile der jüdischen Gesellschafter Alleineigentümer der Fabrik geworden. Außerdem habe er im Jahre 1944 veranlasst, „dass der Georg Graupe aus Dommitzsch nach dem KZ Sachsenhausen gebracht wurde". Dabei stützte sich die Justiz allein auf die Angaben Graupes. Sogar die Dommitzscher Gruppe der Verfolgten des Naziregimes stand derart unter seinem Einfluss, dass sie die Abteilung K 5 in Torgau dazu bewegen konnte, bei der Justiz auf die Einziehung unseres Vermögens hinzuwirken. Zahlreiche weitere Aktivitäten des damaligen Bürgermeisters sind detailliert in den Stasiakten über meinen Vater dokumentiert.

In der Verhandlung vor der 9. Strafkammer des Landgerichts Halle/S. wurden die böswilligen Anschuldigungen jedoch entkräftet. Das Gericht hielt sie für unglaubwürdig. Für die Behauptung, mein Vater habe 1944 Graupes Verhaftung veranlasst, gab es keinerlei beweiskräftige Aussagen oder Unterlagen. Auf die Frage des Richters, wie er dazu komme, erwiderte Graupe: „Das hat man sich in der Stadt erzählt." Die Antwort erboste den Richter so sehr, dass er ihm wütend entgegen schleuderte, hier werde „nicht nach Hörensagen" geurteilt. Obendrein verwies er den Bürgermeister des Gerichtssaals.

Das stimmte meine Mutter und mich zunächst optimistisch. Aber es gab auch die Anschuldigung, Vater habe die Deportation der Eheleute Weissmann veranlasst. Natürlich wollten wir auch das aufklären. Dafür hätte die Ehefrau persönlich vor Gericht aussagen müssen. Regina Weissmann kam mit ihrem Bruder aus Amerika angereist. Auch er war Anteilseigner der Firma, hatte aber bereits 1936 Deutschland verlassen. Beide haben hoch betagt die lange Reise auf sich genommen, um die Wahrheit zu sagen. Das Gericht ließ ihre Zeugenaussage aber nicht zu.[14] Wir waren sehr enttäuscht, als wir Anfang 1951 nach jenem Verhandlungstag von den „abgewiesenen" Zeugen erfuhren.

[14] In den Gerichtsprotokollen, die allerdings nicht vollständig sind, findet sich darauf kein Hinweis. Das OLG Naumburg stellt in dem Rehabilitierungsverfahren dazu fest, „dass die ... Zeugin Weissmann nicht Gegenstand eines beim LG Halle gestellten Beweisantrags der Verteidigung gewesen ist." Vgl. Braun/Werkentin, die meinen, dass die Verteidigerrechte massiv außer Kraft gesetzt worden seien, vgl. S. 165 mit Quellenhinweis.

An das Urteil erinnere ich mich noch genau. Es traf mich am 28. Februar 1951, ich war damals 17 Jahre alt, wie ein Schlag: Einziehung des gesamten Vermögens. Diese Ungerechtigkeit hat mich bis heute nicht losgelassen. Auch die Geschwister Weissmann waren fassungslos. In der Begründung des Urteils heißt es: „Da der Erwerb der Deutschen Tonwarenfabrik seitens des Paul jun. und sen. nur erfolgen konnte und erfolgt ist unter bewusster Ausnutzung der verbrecherischen Judenverfolgung seitens der nationalsozialistischen Gewaltherrschaft und beide Mitglieder der NSDAP gewesen sind, Paul jun. sogar ein sehr aktives Mitglied, sah die Kammer die Einziehung des ganzen Vermögens des verstorbenen Paul jun. als gerechte und notwendige Sühnemaßnahme an."

Zur Zeit des Urteils waren wir schon vier Jahre Eigentümer der Fabrik. Mein Großvater konnte noch im letzten Augenblick am Prozess teilnehmen. Nach wochenlangen Untersuchungen ließ ihn die Stasi wieder frei. Selbst ihr war nun klar, dass er keine Verbrechen begangen hatte. Der Achtzigjährige hat die Haft nicht spurlos überstanden. In seiner Zelle zog er sich an den Beinen Erfrierungsflecke zu.

Natürlich haben wir Revision gegen die von uns als politisch empfundene Entscheidung eingelegt. Sie hat ein halbes Jahr später das erstinstanzliche Urteil im Wesentlichen bestätigt. Das Privatvermögen, Haus, Hof und Garten, wurde vom Betriebsvermögen abgetrennt und an uns rückübertragen, weil es bereits vor Beginn der nationalsozialistischen Gewaltherrschaft erworben war.[15] Es sei deshalb nicht aus einer Nutznießung hervorgegangen, urteilte das Gericht. Aber ihr großes Ziel, die Fabrik in Staatsbesitz zu bringen, haben die Kommunisten erreicht.

Auch die neue Zeit hat daran nicht mehr rütteln können. Unser Rehabilitierungsverfahren nach der Wiedervereinigung gegen die Entscheidungen des Landgerichts Halle und des Oberlandesgerichts Naumburg als Revisionsinstanz blieb erfolglos. Die damaligen Urteile hätten nicht „nachweislich gegen wesentliche Grundsätze einer freiheitlich rechtsstaatlichen Ordnung verstoßen". Ein solches Verfahren diene nicht der Kor-

[15] Dagegen hatte sich die Landeskontrollkommission gewandt und eine Überprüfung des Urteils verlangt. Vgl. zur Steuerung der Justiz durch Kontrollkommissionen S. 165.

rektur von Rechtsfehlern, die auch in einem Rechtsstaat vorkommen könnten und nach Eintritt der Rechtskraft der Entscheidung grundsätzlich hinzunehmen seien. Das Bundesverfassungsgericht hält diese Einschätzung der Vorinstanzen für zutreffend und lehnte es ab, die Verfassungsbeschwerde anzunehmen. Eine „Bejahung der Bereicherung von Hermann Paul an jüdischem Vermögen, wie sie von den DDR-Gerichten festgestellt wurde, ist jedoch mit der angegriffenen Entscheidung der Rehabilitierungsgerichte nicht verbunden", befand Karlsruhe.

In der DDR gehörten wir nun zu den „Staatsfeinden". Und gegen solche „Elemente" erfanden die Kommunisten immer neue Kampfparolen. Dadurch wuchs die Bedeutung der Stasi. Ende 1989 zählte sie rund 91.000 hauptamtliche Mitarbeiter. Zudem beschäftigte sie 172.000 Inoffizielle Mitarbeiter, sogenannte IMs, für 16 Millionen, also eine Stasifrau oder ein Stasimann für 60 Menschen. Ironie der Geschichte: Zum Niedergang der DDR haben sicherlich sogar die Stasi und das „Heer" ihrer Handlanger, der IMs, beigetragen, denn sie verdienten viel Geld und erhielten ungewöhnlich hohe weitere Zuwendungen; ohne auch nur im geringsten produktiv zu sein. Eine florierende Wirtschaft lässt sich eben nicht mit flächendeckender Überwachung und Verrat erreichen. So haben die „siegreiche Sowjetunion" und die DDR ihre „Klassenfeinde" zuhauf selbst produziert, drangsaliert, schikaniert, aus dem Land oder in die Resignation getrieben.

Eissegeln auf dem Rangsdorfer See

III. Fünfziger Jahre

DDR und erste Liebe

Kurz vor dem Abitur 1951 verließ ich die Oberschule. Meine Mathematiknote hatte sich so bedrohlich verschlechtert, dass ich nur noch mit panischer Angst der Reifeprüfung entgegen sah. Deshalb entschloss ich mich Zahntechnikerin zu werden. Eigentlich wollte ich einmal Medizin studieren, versuchte dann aber, möglichst schnell Geld zu verdienen. Meiner Mutter fehlten die Mittel für ein Studium der Kinder. Mit einem Stipendium konnte ich nicht rechnen; das erhielten nur Kinder aus Arbeiter- und Bauernfamilien, aber kein „Kapitalistenkind“ wie ich.

Während der Ausbildung begegnete ich meiner ersten Liebe. Die erste feste Bindung mit einem Jurastudenten war meine aufregendste Zeit. Ulrich stammte aus Dommitzsch und studierte im Westen, in Göttingen. An einem Heiligabend hatten wir uns im Gottesdienst gesehen und sofort verliebt. Leider, wie sich herausstellte, ohne Hoffnung auf eine gemeinsame Zukunft. Kontakte über die Grenze hinweg waren im zweigeteilten Deutschland schon damals - ohne Mauer - ziemlich schwierig.

Nur zu besonderen familiären Anlässen oder Feiertagen bekam Ulrich eine „Besuchserlaubnis“, um zu seinen Eltern nach Dommitzsch reisen zu können. Umgekehrt konnte ich damals auch nicht einfach so in den Westen fahren. Liebe war als Reisegrund nicht vorgesehen. So mussten uns tägliche Briefe die Nähe ersetzen; noch dazu waren sie lange unterwegs, wohl wegen der Briefkontrollen war Ost-West-Post schon damals besonders langsam. Trotz aller Hindernisse war es eine schöne Zeit. Die Entfremdung vom Staat DDR, der selbst für persönlichste Gefühle keinen Raum ließ, wurde immer größer. Ich konnte kaum noch etwas Positives an der DDR erkennen.

Meine beiden Geschwister lebten inzwischen im Westen; meine ältere Schwester Gisela seit 1947 am Rhein bei unserer Tante, der Schwester meines Vaters. Dort hatte Mutter sie untergebracht, weil es ihr nach Vaters Tod aussichtslos erschien, in Dommitzsch unter den Lebensbedingungen der Sowjetischen Besatzungszone drei Kinder groß zu ziehen und ihnen eine ordentliche Ausbildung zu ermöglichen. Gisela wurde Buchhalterin. Mein Bruder Gernot studierte nach einer Zimmermannslehre von 1954 bis 1959 Architektur in Blankenburg (Harz), in Gotha und in Aachen bis zum Diplom. In den Weihnachtsferien 1955 kehrte er nach einer Reise zu Gisela nicht in die DDR zurück. Die nötige Reiseerlaubnis seiner Hochschule in Gotha hatte er nur unter der Bedingung bekommen, zusammen mit einem Kommilitonen an der Technischen Hochschule Aachen Studenten für den Osten anzuwerben. Er versprach es und fuhr mit dem „Sachsen" - dessen Spitzname an der Hochschule - nach Aachen. Doch statt westdeutsche Kommilitonen für die DDR zu erwärmen, schrieb er sich an der TH der Kaiserstadt ein und blieb. Der „Sachse" musste allein in den Osten zurückfahren. Er hat Gernot seinen Schritt nie verziehen. Nach der Wiedervereinigung wollte mein Bruder ihn in Leipzig besuchen. Als er über drei Jahrzehnte später bei ihm klingelte, sagte der Sachse nur knapp „Verräter" und schlug ihm die Tür vor der Nase zu.

Meine Geschwister gründeten am Rhein auch ihre Familien. Gernot durfte uns über Jahre nicht mehr in der DDR besuchen, die DDR-Behörden verweigerten ihm wegen der „Republikflucht" die Einreise. Ich war als Einzige bei meiner an Krebs erkrankten Mutter geblieben. Hinzu kam, dass ich meine Lehre in Dommitzsch beenden wollte. Dieser Entschluss leitete dann auch das Ende meiner ersten Liebe ein. Ich stürzte mich voll auf den Beruf, und das zahlte sich aus: Jede Möglichkeit zur Fort- und Weiterbildung nutzte ich. Darauf bin ich noch heute stolz.

Den Liebeskummer hatte ich bald überwunden. Endlich wollte ich das Leben wieder genießen. Schließlich war ich jung, voller Enthusiasmus und liebte den Sport: ich ruderte, schwamm, spielte Handball und turnte. In den Ferien erkundete ich per Fahrrad die DDR, fuhr mit Bruder oder Freundin an die Ostsee, durch den Harz, durch den Thüringer Wald, in den Wörlitzer-Park und radelte sogar 60 Kilometer nach Dessau, um das Staatstheater zu besuchen, und nach der Vorstellung gleich wieder zurück. Eine herrliche Zeit. Mit Begeisterung ging ich zum Tanzen. An sommerlichen Nachmittagen zu den Weinberggaststätten am Rande der Heide, wo uns eine Kapelle in Schwung brachte. An Winterabenden ließen wir kein Faschingsfest, kein Kränzchen und keinen Ball aus. Wir waren voller Tatendrang und haben die Jahre ausgekostet. Viele Freunde und Freundinnen von damals habe ich heute noch.

Mit vollen Segeln in die Ehe

Seit 1951 verbrachte ich meinen Sommerurlaub mit der Familie meines Chefs in Warnemünde an der Ostsee. Das war auch 1956 so, im Juli, zur traditionellen Ostseewoche. Diesmal war alles anders: Der Yachthafen platzt aus allen Nähten, Boote aus allen Regionen, von der Küste Mecklenburgs und Pommerns, aber auch aus Berlin und Brandenburg, haben festgemacht. Auf den Straßen und auf dem Wasser wimmelt es von Menschen. Segler beherrschen das Bild des kleinen Seebades, hetzen durch den Ort, hin und her, vom Training zur Regatta und umgekehrt; belagern Segelmacher, um ihnen ihr Tuch Minuten vor dem Startschuss vielleicht noch zur letzten wundersamen Veränderung oder Reparatur anzuvertrauen.

Zehntausende Sommergäste und Regattabesucher, mit Kameras vor dem Bauch, schieben sich durch die Gassen und auf der Mole den Alten Strom entlang. Wenn ich nicht gerade am Strand alle Viere von mir strecke oder ins Wasser springe, tauche ich in das bunte Warnemünder Treiben ein. Erst als zwei junge Männer ihre mehr oder weniger auffälligen Nachstellungen auf die Spitze treiben, bemerke ich sie. Schon zwei Tage lang haben sie mich nicht aus den Augen gelassen. Es sind Segler aus Berlin.

Natürlich entdecke ich bald: eine Regatta ist aufregend und Segeln ein Vergnügen. So stehe ich nur noch auf der Mole und beobachte klopfenden Herzens jede Wettfahrt durch mein Fernglas. Den beiden Berlinern, die mit ihrem nagelneuen Boot, einer H-Jolle mit Backdeck, ins Rennen gehen, drücke ich die Daumen. Durchaus erfolgreich, am Ende räumten sie die Preise und Medaillen nur so ab und auch noch den Pokal für die schnellste Yacht aller Bootsklassen.

Hartmut Rührdanz, Konstrukteur der erfolgreichen H-Jolle und Steuermann auf dem Boot, hielt bald um meine Hand an, ganz wie es damals üblich war. Meine Mutter war einverstanden und ich ja ohnehin. Ende 1957 heirateten wir und ich zog nach Berlin. Der Pokal erhielt einen Ehrenplatz an Hartmuts Arbeitsplatz, wo er heute noch steht. Segeln wurde auch mir zur Leidenschaft. Auf der Dahme in Berlin machte ich mit einem Boot der Piratenklasse bei Windstärke fünf meinen A-Schein; er berechtigt mich, auf Binnen- und nahen Küstengewässern zu segeln.

Fast wäre es allerdings noch schief gegangen, denn eine Bö wollte das Boot zum Kentern bringen. Aber Neptun hatte wohl ein Einsehen, ich hielt mich an Deck und schaffte nach dem Schrecken alle geforderten Manöver. Später steuerte ich die H-Jolle und andere von Hartmut konstruierte Bootstypen, häufig aber war ich Vorschotfrau. Die Sommer verbrachten wir meist auf dem Wasser. Besonders freute ich mich auf die Regatten, die abwechselnd im Osten und im Westen der Stadt - auf dem Müggelsee und auf dem Wannsee - ausgetragen wurden. Im Winter ging es oft aufs Eis. Das Eissegeln hat mich besonders begeistert. Es ist ein tolles Gefühl, wenn der Schlitten mit fast 100 Sachen über die spiegelglatten Flächen saust.

13. August 1961: Soldaten und Betriebskampfgruppenmitglieder in der Elsenstraße zwischen Neukölln und Treptow

IV. Die DDR *war doch gar nicht so schlimm*

Ringen um Torsten

War der Krieg mit seinen Folgen, den neuen politischen Verhältnissen in der SBZ, für die Familie schon schwer genug, so erwarteten uns mit der inzwischen betonierten Teilung Deutschlands neue Prüfungen. Torsten war jetzt - nach der dramatischen Nacht zum 28. August 1961 - auf der anderen Seite der Mauer. Ich war sicher, die West-Berliner Ärzte würden ihm erneut helfen können. Aber die Trennung, die Ungewissheit, ob ich meinen Sohn je wieder sehen würde, ließ mir keine ruhige Minute. Es ging schließlich um sein Leben. Von dem Gedanken, Torsten zu sehen, war ich geradezu besessen. Die Verantwortung für die missliche Lage unserer Familie trugen allein die DDR-Behörden. Tagtäglich lief ich zu den Ämtern, heute diesem, morgen zu jenem. Wenigstens für Stunden wollte ich doch zu ihm fahren dürfen. Es war ein zähes Ringen. Öffneten sich einmal die Türen, hieß es Warten oder Wiederkommen. Immer vergebens, immer abgelehnt. Der Kampf einer verzweifelten Mutter schien aussichtslos. Ich konnte an nichts anderes mehr denken als an mein krankes Kind. Ich wartete und wartete vor Behördentüren, immer wieder.

Mein Mann Hartmut war damit nicht mehr einverstanden, ja, er verbot es mir sogar. „Du musst endlich begreifen, dass die ganz oben kein Erbarmen mit uns haben! Lass dich nicht so demütigen!“ Er meinte es gewiss in guter Absicht, doch half er mir damit keineswegs. Frauen, Mütter kämpfen anders als Männer, wenn es um Familie, Leben oder Tod geht. Bald war mir der Gedanke, mein Kind könne ungetauft sterben, derart unerträglich, dass ich nicht locker ließ. Nach gut acht Wochen plötzlich doch ein Wunder, mein langer Atem führte zum Erfolg: ich bekam die Besuchsgenehmigung der „Abteilung Inneres beim Rat des Stadtbezirks Mitte“ zu Torstens Taufe. Eine Nenntante in West-Berlin arrangierte alles. Paten wurden zwei Onkel, die Oberschwester und die Stationsärztin. Am 28. Oktober 1961 war es soweit. Kaum hielt ich den Passierschein in der Hand, fuhr ich auch schon los. Keine Sekunde wollte ich versäumen, denn die Erlaubnis galt nur für ein paar Stunden. Und leider nur für mich, Hartmut durfte nicht mit. Ich drückte unseren Torsten überglücklich an mein Herz.

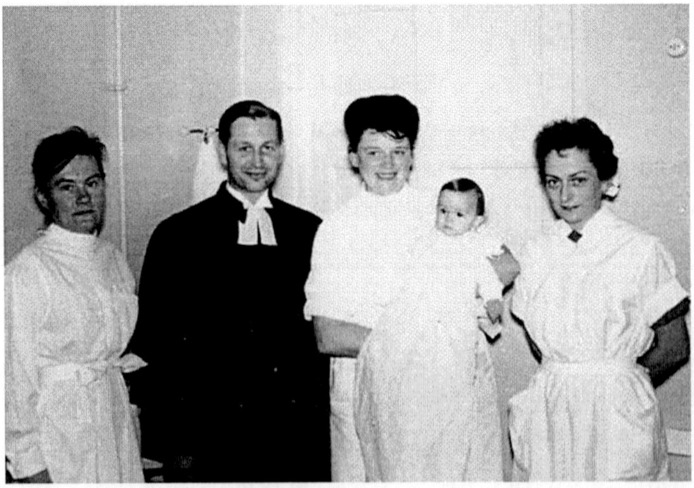

Torstens Taufe

Nun rasten die wenigen Stunden viel zu schnell dahin. Ich hatte meine Gefühle kaum unter Kontrolle, die Gedanken schwirrten nur so durch den Kopf. Muss mein Platz nicht bei meinem kranken Kind sein? Wäre es ein Missbrauch des Passierscheins, in West-Berlin zu bleiben? Kann der Staat erwarten, dass ich mich an seine Regeln halte, wenn er mich so quält? Soll ich, kann ich, darf ich meinen Mann allein lassen? Auch spürte ich eine Verantwortung gegenüber Menschen mit einem ähnlichen Schicksal. Konnten ihnen nicht künftig Nachteile entstehen, nur weil ich egoistisch war? Ich entschied mich für die Rückkehr. Wenn ich aber geahnt hätte, was mir noch bevorstand, hätte ich es wohl kaum getan. Ich hoffte indessen, für mein „Wohlverhalten" mit einer regelmäßigen Besucherlaubnis belohnt zu werden.

Wieder lief ich dafür Tag für Tag zum Polizeipräsidium, dasselbe Anliegen, dieselbe Litanei: „Genehmigung der Antragstellung auf einen Passierschein nach Berlin-West". Die DDR funktionierte so: War erst einmal eine Genehmigung zur Antragstellung erteilt, wurde auch der Antrag genehmigt. Doch diese - ich will sie einmal so nennen - „Vorgenehmigung" wurde in den meisten Fällen gar nicht erst erteilt, also lag auch kein wirksamer Antrag vor. Damit konnte der Staat nach außen behaupten, es gebe nur wenige Anträge zu welchen Komplexen auch immer und die wenigen, die es gibt, genehmige man ziemlich schnell, wenn nicht umgehend.

Tatsächlich erhielt ich - kaum zu glauben - auf Antrag jeweils wöchentlich den ersehnten Passierschein. Zweifellos war das nach den vielen Demütigungen ein Erfolg meiner Hartnäckigkeit. Denn in der spannungsreichen Zeit des „Kalten Krieges“ nach dem Mauerbau waren Krankenbesuche in den Westteil der Stadt die große Ausnahme. Um zu Torsten zu fahren, musste ich den Grenzübergang am Bahnhof Friedrichstraße nehmen, eigentlich eine „Kontrollinsel“ mitten in Ost-Berlin. Die Grenze, die Mauer, lag noch ein ganzes Stück entfernt, etwa auf der Hälfte der Strecke zwischen den S-Bahnhöfen Friedrichstraße und Lehrter Bahnhof (heute Hauptbahnhof). Panische Angst löste bei mir jedes Mal die Pass- und Zollkontrolle bei der sogenannten Ein- und Ausreise aus. Warum das so war, weiß ich bis heute nicht. Dabei hielt ich mich immer genau an sämtliche Bestimmungen. Schon die misstrauischen Blicke der Grenz- und Zollbeamten ließen mir Schauer über den Rücken laufen.

So erfüllt ich von den Begegnungen mit meinem Kind auch war, die Grenzgänge kosteten mich jedes Mal viel Kraft. Noch tags darauf war ich erschöpft, aufgerieben vom ständigen Wechsel zwischen unfassbarem Glück und tiefster Verzweiflung. Hinzu kam das entwürdigende Gefühl, für jeden Passierschein auf dem Polizeipräsidium betteln, flehen zu müssen, ohne zu wissen, wie es ausgehen würde. Nicht zu vergessen, dass Torsten nach wie vor in Lebensgefahr schwebte. Viermal musste er noch operiert werden. Die Ärzte im Westend-Krankenhaus haben ihm eine künstliche Speiseröhre, ein künstliches Zwerchfell und einen künstlichen Magenausgang eingesetzt. Eine Tortur für den Kleinen.

Fluchtpläne

Gerade in der Zeit größter Sorge um unser Kind ließ die nächste böse Überraschung nicht lange auf sich warten: Der ungeliebte Staat demonstrierte einmal mehr - und das zu dieser besonders passenden Gelegenheit - seine Macht. Rigoros wurde im Februar 1962 die Besuchserlaubnis eingeschränkt. Statt einmal wöchentlich durfte ich plötzlich nur noch alle vier Wochen zu Torsten fahren - natürlich ohne jede Begründung. „Zu einer Begründung sind wir nicht verpflichtet“, lautete die stereotype Antwort auf Anfragen jeder Art bei staatlichen Stellen. Unsere Angst um Torsten wuchs täglich.

Hartmut hatte unseren Sohn nur ein einziges Mal ohne mich besuchen dürfen. Alle weiteren Bemühungen um einen Passierschein schlugen fehl. Da die Lage nun für uns beide unerträglich geworden war, entschlossen wir uns zu fliehen. „Republikflucht" zu begehen, die DDR also „illegal" zu verlassen, stand unter schwerer Strafe. Selbst die Vorbereitung oder der Versuch wurden geahndet. Nach der langen Trennung wollten wir einfach nur bei Torsten sein. Die DDR hatte es geschafft, auch uns das Leben gehörig zu vergällen. Meine Mutter, die inzwischen in unserem Haushalt lebte und schwer krank war, wollten wir mitnehmen. Niemals hätte ich sie allein zurückgelassen. Wir begannen, uns nach Möglichkeiten umzusehen, das Land zu verlassen.

Viele Fluchten aus der ummauerten Stadt haben Studenten der beiden Universitäten in West-Berlin, der Freien Universität, der FU, und der Technischen Universität, der TU, organisiert. Damit wollten sie ihren Kommilitonen helfen, die bis zum Ende des Semesters im Juli 1961 noch mit ihnen zusammen Vorlesungen gehört hatten und plötzlich in den Semesterferien zu Hause - im Osten - vom Mauerbau überrascht wurden. Mit Pässen von West-Studenten wurden zur Flucht entschlossene Kommilitonen in den Westen geholt.

Die studentischen Fluchthelfer suchten an Hand von Passbildern und Daten wie Größe, Alter, Augenfarbe möglichst ähnlich aussehende Personen, deren Reisepass sie dann nur noch gering verändern mussten. Für den „Spender" war es Ehrensache, sein Papier - wo immer er sich gerade auf der Welt auch aufhielt - zur Verfügung zu stellen. Die westdeutschen Botschaften hatten alle Hände voll zu tun, um Ersatzpapiere für angeblich verloren gegangene Pässe von Berliner Studenten auszustellen. Den Landweg nach oder von Berlin konnten die „Spender" danach nicht mehr benutzen. Denn eine Person, deren Pass bei einer Flucht verwendet wurde, war für die DDR von vornherein auch Täter und deshalb in hohem Maße gefährdet.

Aus Ost mach West

Bei einem meiner Westbesuche wandte ich mich an einen studentischen Kreis, der DDR-Freunden mit „frisierten" bundesdeutschen Pässen zur Flucht über die Ostsee verhalf. Die Studenten hatten herausgefunden, dass die Transitwege nach Skandinavien, etwa nach Dänemark oder Schweden, damals nicht so scharf kontrolliert wurden wie die Transitwege zwischen West-Berlin und dem deutschen Westen. Die Pässe besorgten Westverwandte, die auch gleich ein Transitvisum durch die DDR beantragten. Dann waren nur noch die Passfotos auszutauschen.

Der Fluchtweg sollte am Ostbahnhof beginnen und mit der Eisenbahnfähre über Warnemünde/Gedser bis Kopenhagen führen. Eigentlich war der Zug für Reisende aus West-Berlin gedacht, die nach Dänemark wollten, nahm aber auch Passagiere zu DDR-Zielorten mit. Jahre später waren die durchgehenden Wagen nach Kopenhagen nur Fahrgästen mit Zielen außerhalb der DDR vorbehalten, die ihre Papiere vorher dem Schaffner zeigen mussten. Auf die Frage, warum die Waggons DDR-Reisenden verschlossen blieben, berief sich einmal ein Schaffner auf eine Anweisung der „Grenzorgane" und provozierte damit weiteren Erklärungsbedarf. DDR-Bürger in den West-Wagen, verriet er noch, „schlafen immer ein," die Grenzer in Warnemünde hätten Mühe, sie zu wecken. Will sagen: hatten alle Mühe, die Menschen aus dem Traum aufzuscheuchen, sie kämen gerade im Westen an. Nach geglückter Flucht war vorgesehen, von Kopenhagen aus zurück nach West-Berlin zu fliegen - eine weite Reise, die gerade mal von einem Teil der Stadt in den anderen führen sollte.

Einen Tag vor uns sollten schon die Studenten Ulla Hoffmann, Eberhard Zutz und Werner Coch auf dem ausgespähten Weg flüchten. Da sie nicht aus Berlin waren, wohnten sie bei uns. Gemeinsam bereiteten wir uns auf unser gefährliches Unternehmen vor. Jeder musste sich seinen neuen Lebenslauf einpauken. Die geringste Unachtsamkeit konnte verheerende Folgen haben. Einer der Studenten bekam einen Pass, in den ein früheres Visum für Togo eingestempelt war. Dass er die wichtigsten Fragen über das afrikanische Land beantworten konnte, war selbstverständlich. Neben den Pässen erhielten wir ein rundum westliches Aussehen.

Aus unserer Ostkleidung - Ober- wie Unterbekleidung - mussten wir sämtliche Etiketten heraustrennen. Selbst die Zipfel der Reißverschlüsse haben wir ausgetauscht und zu unseren Westschuhen gehörten natürlich Schnürsenkel aus dem Westen, denn gerade auf vermeintliche Kleinigkeiten waren die „DDR-Organe“ spezialisiert. Sogar an Zahnpasta und Stadtpläne hatten unsere Kuriere aus dem Westen gedacht. Mit anderen Worten: es war die komplette Verwandlung eines Ostdeutschen in einen Westdeutschen.

Hausverkauf

Hartmut und ich hatten außerdem noch besondere Vorkehrungen für unser Eigentum zu treffen. Nach DDR-Recht verfielen Grundbesitz und sonstiges Vermögen „Republikflüchtiger“ dem Staat. Wir wollten nach Möglichkeit verhindern, dass uns nach der Enteignung unserer Fabrik nun auch noch unsere letzte Habe genommen werden sollte.

Wertvolle Gegenstände haben wir in der Verwandtschaft verschenkt. Das fiel nicht besonders auf, weil meine Mutter zu uns nach Berlin gezogen war. Das Mobiliar aus dem Elternhaus in Dommitzsch haben wir aus dem gleichen Grund verkauft. Ich hätte es in der kleinen Zweieinhalbzimmerwohnung nicht unterbringen können. Über das Haus haben wir mit Verwandten einen notariellen Kaufvertrag abgeschlossen. Doch da hatten wir die Rechnung ohne die Stadtverwaltung Dommitzsch gemacht. Ein gewichtiges Rechtsgeschäft wie einen Hausverkauf bekam die kommunale Verwaltung in aller Regel mit, sobald ein Notar damit befasst war.

Kaum wusste man im Rathaus davon, sind die Behörden tätig geworden und haben unseren Kaufvertrag für nichtig erklärt. Bürgermeister Graupe hatte ja schon seit 1945 alles versucht, in den Besitz unseres Hauses zu gelangen. Jetzt trat die Stadt selbst an die Stelle der Käufer. Dazu bediente sie sich eines juristischen Tricks. Da Gernot nach Aachen gegangen war, galt er als „republikflüchtig“. Sein gesamtes Vermögen war angeblich dem Staat verfallen. Damals hatte das keinerlei Auswirkungen. Niemand hatte seinen Besitz konfisziert. Auch von einer Änderung des Grundbuchs haben wir nichts erfahren, fraglich, ob es sie je gegeben hat. Die ganze Sache ist fragwürdig, weil „Republikflucht“ erst seit 1957 strafbar war, also zwei Jahre nach dem Weggang meines Bruders.

In unserer Kleinstadt war seine Übersiedlung natürlich allen bekannt, also auch der Stadtverwaltung. Die Stadt nahm kurzer Hand seine Rechtsposition ein und machte als angebliche Miteigentümerin Gebrauch von ihrem Vorkaufsrecht. Eine von ihr veranlasste Schätzung ergab, versteht sich, einen sehr niedrigen Wert der Villa. Danach erhielten meine Mutter, meine Schwester Gisela und ich je 25% der Schätzsumme. Das letzte Viertel, Gernots Anteil, gehörte ja angeblich schon der Stadt. Gisela war 1947 mit 15 Jahren mit Einverständnis der Behörden ins Rheinland gezogen. Das DDR-Geld konnte sie sich allerdings damals (noch) nicht in Westmark auszahlen lassen; deshalb übertrug sie mir ihren Anteil. Gernot erhielt seinen Anteil erst nach dem Ende der DDR.

Auch hier spürten wir unsere Ohnmacht gegenüber dem Staat, der keine Mittel scheute, seine Interessen durchzusetzen. Den Methoden der Stadtverwaltung und des neuen Bürgermeisters waren wir hilflos ausgeliefert. Die Dommitzscher Oberen und ihre Handlanger haben sich wieder einmal auf ihre Weise einer schönen Immobilie bemächtigt.

Treffpunkt Ostbahnhof

Mitte Februar soll es soweit sein. Ulla, Eberhard und Werner machen sich, wie geplant, auf den Weg zum Ostbahnhof, wir sind erst einen Tag später dran. Hartmut folgte den Studenten aber aus eigenem Antrieb, weil er sich davon überzeugen wollte, dass sie auch wirklich gut wegkommen. Doch der Ostbahnhof, hoffnungsvoller Ausgang einer gefährlichen Reise, sollte für sie schon zur Endstation werden. Während sie in der Halle warteten, die gefälschten Pässe griffbereit, erreichte sie die dringende Warnung, in den Zug zu steigen. Der Weg war nicht mehr sicher. Offenbar hatten mittlerweile die DDR-Behörden von diesem Fluchtweg Wind bekommen, glücklicherweise aber auch die Helfer, die West-Berliner Studenten, bei ihrem täglichen Check. Ihnen war aufgefallen, dass bei der Einreise inzwischen ein weiterer Sichtvermerk in den Pass gestempelt wurde, der ihnen aber fehlte und auf den die Grenzkontrolleure bei der Ausreise besonders achteten. Damit war nicht nur die Flucht der Studenten, sondern auch unser Traum geplatzt. Um uns nicht noch verdächtig zu machen, sind wir am nächsten Tag gar nicht mehr zum Ostbahnhof gefahren. Die Pässe haben wir verbrannt, für uns waren sie nun wertlos. Unsere Enttäuschung war riesig, ich selbst der Verzweiflung nah. Ich hatte mich schon so nah bei meinem kranken Kind gesehen, und nun sollte alles vergeblich gewesen sein. Nicht zuletzt wegen der Kämpfe um das Haus hatte ich mich an den Funken Hoffnung geklammert, so schnell wie möglich aus der DDR herauszukommen. Innerlich war das Kapitel DDR für mich abgeschlossen. Mich hielt nichts mehr.

Wir drei, mein Mann, meine Mutter und ich, gaben nach dem Gott sei Dank nicht bemerkten Fluchtversuch unser Vorhaben auf. Wir haben es einmal versucht, vergebens. Noch einmal versuchen wir es nicht. Schluss. Aus. Ende. Das war's, dachten wir. Auf dem Landweg wollte Hartmut es keinesfalls noch einmal probieren. Aber ein Hoffnungsschimmer blieb. Wir wollten unseren Kielschwertkreuzer fertig bauen und dann über die Ostsee flüchten. Ursprünglich hatte er das Boot für eine Weltumsegelung konstruiert. Aber weder zur Weltumseglung noch zur Flucht über die Ostsee ist es je gekommen.

Seefahrtkreuzer

Ulla, Eberhard und Werner dachten ganz anders. Sie hielten an ihrer Absicht fest und setzten dabei nach wie vor auf die Hilfe ihrer westlichen Kommilitonen. Irgendwann, irgendwie, irgendwo werde ihnen die Flucht in die Freiheit schon gelingen, daran zweifelten sie nicht. Leute, die ähnlich denken, finden einander. So blieben wir in Kontakt und freundschaftlich verbunden. Die drei sollten noch eine unverhoffte, schicksalhafte Rolle in unserem Leben spielen.

Mir stellte sich nun die Frage, wie ich wieder in meine bisherige Lebenssituation hineinfinden könnte. Mit ihr hatte ich bereits abgeschlossen. Ich hatte so viel Hoffnung gehabt, endlich die ständige Bevormundung im Denken und Handeln abzuschütteln. Sollten wir einfach so tun, mussten wir nicht gar so tun als sei nichts, gar nichts, gewesen? Aber welche Möglichkeit gab es, sich wieder mit dem Alltag zu arrangieren? Ich habe lange gebraucht, wieder „normal" - als Ostdeutsche - zu denken. Ich tröstete mich, dass mich dieses Schicksal nicht allein trifft, sondern Millionen Mitbürger. Also mussten wir einen Weg des Weiterlebens in der DDR finden, auch wenn es schwer fiel.

Nach dem Fluchtversuch arbeitete ich wieder als Zahntechnikerin, jetzt bei einer Zahnärztin in einer Außenstelle des Krankenhauses Berlin-Köpenick, ganz in der Nähe unserer Wohnung. Wir fanden sehr bald ein gutes Verhältnis zueinander; an Torstens Schicksal nahm Frau Dr. Günther großen Anteil. Wenn ich nach wochenlangem Ringen mit den Behörden wieder einmal einen Passierschein für einen Krankenbesuch erstritten hatte und einen freien Tag benötigte, legte sie mir keine Steine in den Weg.

Den Passierschein habe ich auch jetzt nicht dazu benutzt im Westen zu bleiben. Mit meinen moralischen Vorstellungen konnte ich das einfach nicht vereinbaren. Schließlich warteten Hartmut, meine Mutter und meine Arbeitgeberin auf mich. Auch wenn der Abschied von Torsten immer schmerzlich war, jedes Mal brachte ich die Kraft auf, in den Osten zurückzukehren.

In Berlin-West traf ich mich gelegentlich mit dem Studenten Michael Hinze, der Urheber des Fluchtplans war. Der gute Freund von Ulla, Eberhard und Werner gab mir dabei auch Informationen über neue Fluchtwege für sie mit. Einmal erwähnte er beiläufig ein Tunnelprojekt, mit dem er die Freunde ausschleusen wolle. Sofort war ich hellwach, dachte, das könnte eine Chance für meine Mutter sein, die damals 55 Jahre alt war, also noch nicht [west-] „reisefähig“, dazu fehlten ihr über vier Jahre. Erst Rentner (Frauen mit 60, Männer mit 65) durften für zehn bis vierzehn Tage einmal im Jahr in den Westen reisen.

Bei uns in Berlin lebte meine Mutter wie auf einem Pulverfass. Damals brauchten alle noch einen „Zuzug“, wie die „Daueraufenthaltsgenehmigung“ für Berlin im Volksmund hieß. Doch den bekam sie nicht. Der Aufenthalt wurde ihr immer nur für drei Monate gestattet und jedes Mal war fraglich, ob der Antrag verlängert wird. Es gab für sie aber auch kein Zurück nach Dommitzsch. Der neue Bürgermeister hatte ihr mit einer Frist von sechs Wochen das Wohnrecht in ihrem Haus gekündigt; unser vom Staat treuhänderisch verwaltetes Haus wurde nun Sitz eines Tierarztes. Meine Geschwister in Westdeutschland waren für Mutter unerreichbar - es war für uns alle eine sehr ungewisse Zeit. Heute denke ich, ihr wurde der Aufenthalt in Berlin immer wieder verlängert, weil die Verantwortlichen in der zuständigen Behörde fürchteten, Gisela und Gernot im Westen könnten es an die große Glocke hängen, wie der „Sozialstaat“ DDR mit einer schwer kranken Frau und ihrem kranken Enkel umgeht.

Der Tunnel

Im Spätsommer 1962 war es soweit. Michael Hinze sprach bei einem Treffen von einem „ziemlich sicheren Projekt kurz vor dem Abschluss“. Fluchtwillige sollten sich ab sofort bereithalten und auf Informationen warten. Mit von der Partie waren außer meiner Mutter auch wieder Michaels Freunde Ulla, Eberhard und Werner. Mutter sollte ich schon einmal auf eine große körperliche Anstrengung vorbereiten. Michael drückte es so aus: „Hände hoch und rein ins Loch und dann auf allen Vieren durch den Schlamm kriechen“. Darüber habe ich nur mit ihr geredet. Hartmut wusste zu diesem Zeitpunkt nicht, dass seine Schwiegermutter auch mit sollte. Aber er gab die Fluchtinformationen an die Studenten weiter.

Die Spannung wuchs. Täglich warteten wir auf ein Zeichen. Aber nichts passierte. Erst als ich wieder einmal bei Torsten war, traf ich auch Michael und erfuhr den Grund. Ein Tunneldurchbruch von West- nach Ost-Berlin zur Schönholzer Straße 7 war in der Nacht zum 15. September noch gelungen, 29 Personen konnten durchgeschleust werden. Ein plötzlicher Wassereinbruch machte aber weitere Schleusungen unmöglich. Für meine Mutter, Ulla, Eberhard und Werner war der Weg in die Freiheit wiederum versperrt, nach der abgebrochenen Flucht am Ostbahnhof erlebten sie eine weitere herbe Enttäuschung. Als „Tunnel 29“ gelangte der Fluchttunnel weltweit in die Schlagzeilen, weil amerikanische Journalisten den Bau filmisch dokumentiert haben. Ellen Sesta, die als Kurierin dabei war, hat die dramatischen Ereignisse aufgeschrieben und das spannende Buch „Der Tunnel in die Freiheit“ veröffentlicht. Es war auch die Zeit, als mir kaum noch erlaubt wurde, Torsten im Klinikum Westend zu besuchen. Sein Gesundheitszustand war weiterhin lebensbedrohlich. Trotz mehrerer Operationen erbrach er immer noch Blut; sein Allgemeinzustand verbesserte sich kaum. Bis über sein viertes Lebensjahr hinaus konnte er nur mit einer Sonde ernährt werden.

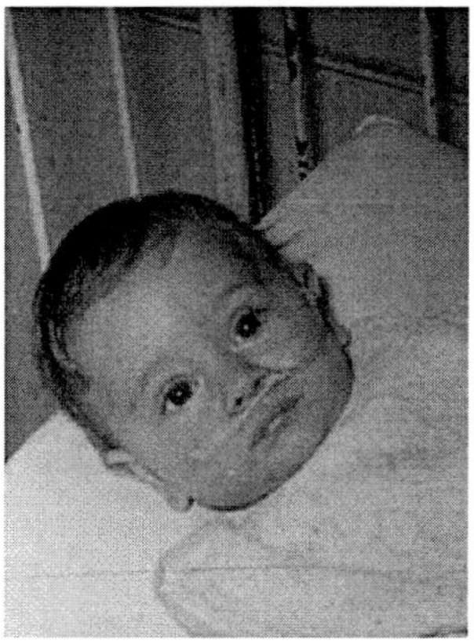
Torsten mit Sonde

Mitte Februar 1963 meldeten sich plötzlich Ulla, Eberhard und Werner und baten wieder um Quartier. Der Grund konnte nur ein dritter Anlauf zur Flucht sein. Einzelheiten erfuhr ich nicht. Das hatten wir so ausgemacht. Ich hoffte ja immer noch, früher oder später Torsten wieder besuchen zu dürfen. Mein Mann war dagegen über jeden Schritt unserer „Untermieter“ informiert. Damit war ich einverstanden. Mir war auch klar, dass Mitwisserschaft bei einer Flucht den Straftatbestand des nicht angezeigten Verbrechens erfüllte. Dass ich die Einzelheiten nicht kannte, hat mir allerdings später nichts genützt.

Ich ging weiter regelmäßig zur Arbeit, verließ gegen halb acht die Wohnung und kehrte abends gegen sieben heim. Was tagsüber zu Hause geschah, wusste ich nicht und ich fragte auch nicht danach. Wir aßen zusammen zu Abend und spielten danach Schach oder Skat. Die Flucht war kein Thema, schließlich war auch immer die Stasi mit ihren Wanzen oder Richtmikrophonen präsent. Häufiger parkten in diesen Tagen schwarze Limousinen vor dem Haus. Ganz offen kamen aber Besucher für Ulla, Eberhard und Werner. Es waren Kuriere mit Informationen zu der bevorstehenden Flucht, für die wieder ein Tunnel gegraben wurde. Niemand aber ahnte, dass einer der Kuriere, die die Informationen im Osten weiterleiteten, ein Stasispitzel war.

Hartmut hatte zwar eigene Fluchtabsichten aufgegeben, war aber bereit, als Kurier zu helfen. Eine Telefonzelle in Ost-Berlin diente als „Postfach" zur Weitergabe von Nachrichten auf Zetteln, die unter eine Ablage geklebt wurden. Zweimal täglich ist Hartmut hingegangen, um nach Zetteln zu sehen und verhielt sich dabei so, als telefoniere er. Keinem durfte auffallen, dass sich eine Hand suchend unter der Platte bewegte. Auf den Zetteln stand, wann er wen - unter Decknamen - benachrichtigen sollte. Fluchtwilligen gab er die nötigen Informationen, natürlich auch unseren „Untermietern" Ulla, Eberhard und Werner. In seiner Stasiakte heißt es, er habe keinerlei finanziellen Aufwand gescheut, sogar Mietfahrzeuge genommen, um die Leute zu fahren. Das hat er ganz bewusst gemacht, um einer Beschlagnahme unseres Wagens als „Tatwerkzeug" vorzubeugen.

Tunnel Brunnenstraße 45; Foto MfS

Erst am Tag vor der geplanten Flucht erfuhren mein Mann und Werner Coch die genaue Lage des Tunnels. Wie angekündigt entdeckten sie in einem dort abgestellten Auto ein „Bilderrätsel", das das Lösungswort „Brunnenstraße 45" ergab. Im Keller dieses alten fünfstöckigen Berliner Miethauses endete der Fluchttunnel. Nicht einmal die Kuriere kannten seine genaue Lage, allein das Rätsel hatte die beiden informiert. Am Hörer der Telefonzelle klebte das Heftpflaster, das entscheidende Zeichen, dass keine Gefahren lauerten, grünes Licht für die Tunnelflucht. Von der Telefonzelle bis zur Brunnenstraße 45 waren es nur wenige Meter.

Dem Ernstfall am darauf folgenden Tag steht nichts mehr im Weg. Werner geht los, Hartmut folgt unauffällig. Alles ist unverändert. Das Auto mit dem Bilderrätsel steht am selben Platz. Werner betritt das Haus Brunnenstraße 45. Hartmut wartet auf der anderen Straßenseite, beobachtet, ob alles ruhig bleibt, wartet, dass nichts weiter geschieht und er beruhigt nach Hause gehen kann. Aber alles Mitfiebern, alles Mitbangen ist vergeblich: starr vor Schreck muss er mit ansehen, wie Werner wieder aus dem Haus kommt, abgeführt von Stasi-Männern.

Eberhard Zutz war der Stasi einen Tag zuvor in die Falle gegangen, bei einem Treffen mit einem Kurier, der ihm den Termin der Flucht übermitteln sollte. Aus den Stasiunterlagen wissen wir, dass er und der Kurier an jenem 14. Februar gemeinsam verhaftet wurden, die Stasi hatte beide schon erwartet. Ulla fuhr wieder nach Hause, nachdem ihr Verlobter verschwunden war. Sie wurde am 28. Februar in Magdeburg in ihrer Hochschule verhaftet.

Die Stasi brauchte damals einige Zeit, bis sie alle Details über die geplante Flucht erfahren hatte. Am 27. April, also zwei Monate nach unserer Verhaftung, heißt es in einem Stasibericht über den Tunnel im „typischen" DDR-Deutsch:

„Bestätigung: Über die Existenz eines Tunnels von Westberlin in die Hauptstadt der Deutschen Demokratischen Republik.

Bei einer Kellerkontrolle durch Angehörige der Nationalen Volksarmee/Grenze am 18.02.1963 im Haus Berlin-Mitte wurde festgestellt, daß sich im Kellerfußboden ein Loch befand, das die Vermutung zuließ, daß sich hier ein Tunnel befindet. Eine Erweiterung des Loches und die anschließende Untersuchung ergab die Bestätigung, daß in dem Haus Brunnenstraße 45 ein von Westberliner Territorium gebauter Tunnel endete. Der Tunnel begann auf Westberliner Gebiet, unterquerte die in Westberlin liegende Bernauer Straße und führte unter mehreren bewohnten Häusern der Hauptstadt der Deutschen Demokratischen Republik bis zum Keller Brunnenstraße 45. Der Tunnel hatte vom Keller Brunnenstraße 45 bis zur Staatsgrenze eine Länge von 130 Metern und führte danach noch unter der ca. 30 Meter breiten Bernauer Straße hindurch. Die Ausmaße des Stollens betrugen 75 cm Breite und 70-80 cm Höhe. Bei der Untersuchung des Stollens wurden 4 Taschenlampen westlichen Fabrikats, 1 Klappspaten amerikanischer Herkunft, 1 Handbeil, 2 Brecheisen, 1 Steinbohrer sowie mehrere Schraubenzieher sichergestellt. Des weiteren wurden diverse Mengen Lichtkabel, mehrere Glühbirnen und Schaumgummimatten im Tunnel vorgefunden und sichergestellt.

Anhand der Vergleichbarkeit mit bisher erarbeiteten Materialien konnte ermittelt werden, daß der Student der Technischen Universität in Westberlin Hasso HERSCHEL maßgeblich an der Organisierung des Tunnelbaus zum Keller der Brunnenstraße 45 beteiligt war.“

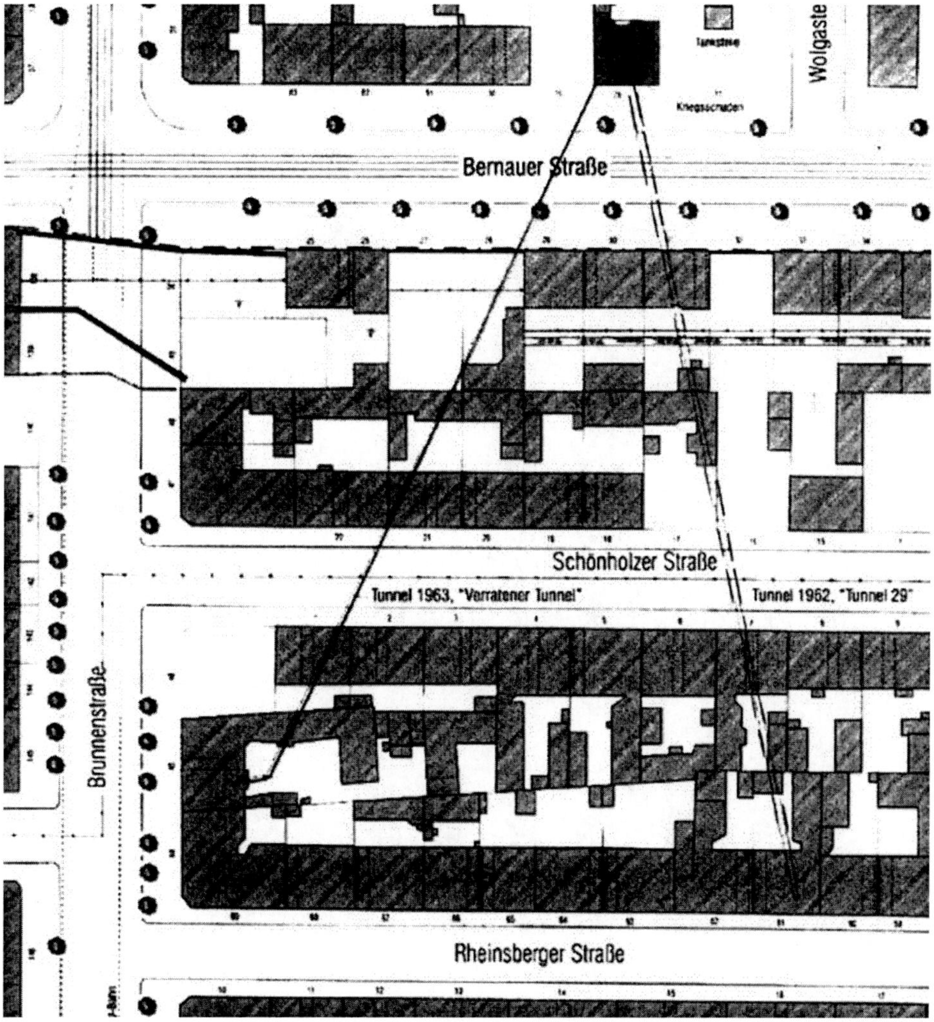

Umgebungsplan des „verratenen Tunnels" Brunnenstraße 45 (Linie links); Verlauf des „Tunnels 29" (gestrichelt)

Isolation

V. So schlimm war die DDR

„Gekidnappt“ mitten in Berlin

Seit Cochs Verhaftung wurden wir verfolgt. Wenn ich am Morgen zur Arbeit ging, war jemand dicht hinter mir. Fuhr ich zum Einkaufen, heftete sich ein Verfolger an meine Fersen, gleich an meiner Haustür, keinen Schritt tat ich mehr allein, ob im Bus, in der Bahn oder auf dem Weg zurück. Sie wechselten die Leute aus: aber immer war jemand da. Ihre Präsenz war umfassend, sie wollten es uns spüren lassen. Vierzehn Tage ging das so, Tag für Tag.

Am frühen Morgen des 28. Februar 1963, ich hatte gerade das Haus zur Arbeit verlassen, passierte es: nun hatte es auch uns getroffen. Kurz vor der Bushaltestelle stellen sich mir zwei Gestalten in den Weg und verlangen nach meinem Ausweis. Ohne sich zu legitimieren, ohne einen Grund anzugeben. In der DDR kam das häufiger vor, deshalb hat mich das nicht beunruhigt. Plötzlich aber, aus dem Nichts, rast eine schwarze Limousine heran und hält dicht neben mir. Als ich instinktiv meine Handtasche an den Körper presse, packen mich die beiden Männer an den Oberarmen. Ich schreie und hoffe, dass mir jemand hilft.

Ein Bus stoppt, der Fahrer bedeutet mir hineinzuspringen. Doch trotz heftiger Gegenwehr gelingt es mir nicht, die Unbekannten abzuschütteln und mich in den Bus zu flüchten. Sie sind nicht nur kräftig sondern, sichtlich auch trainiert. Gewaltsam schieben mich die Männer in den Wagen; die Limousine nimmt Fahrt auf. Ich weiß zwar nicht, wohin es geht, aber wer dahinter steckt ist klar: Das ist die „Handschrift“ der Stasi! Nur wenige Minuten nach meiner „Entführung“ haben sie Hartmut aus unserer Wohnung geholt. Aber das erfahre ich erst viele Stunden später, am nächsten Morgen im Verhör. Da weiß ich auch, dass sie mich in ihr Hauptquartier in der Magdalenenstraße im Bezirk Lichtenberg gebracht haben.

Demütigungen ohne Ende

Eine demütigende Prozedur beginnt: Zuerst werden mir persönliche Dinge - Tasche, Uhr, Gürtel und Schnürsenkel - abgenommen, dann folgt das erste Verhör. Gleich mehrere Stasileute vernehmen mich zu Ulla, Eberhard und Werner. Sie wollen wissen, warum sie nach Berlin gekommen sind, jeden ihrer Schritte erfahren, wohin sie gingen, was sie in Berlin vorhatten. Aber Details kenne ich ja nicht. Natürlich nehmen sie mir das nicht ab. Schließlich hatten sie Kuriere in unser Haus geschickt. Unvorstellbar für sie, dass ich von deren „Botschaften" nichts mitbekommen habe. Immerhin, unsere Absprache, mich herauszuhalten, ist ihnen entgangen. Einen Vorteil hat mir das allerdings auch nicht gebracht. Die Vernehmung ist quälend und kostet Kraft. Anfangs streite ich alles ab. Aber sie wissen schon sehr viel. Ein Tag ist vergangen, ein Abend und eine endlose Nacht. Die Vernehmer wechseln alle drei bis vier Stunden, mir aber lässt man keine Ruhe, meine Konzentration schwindet. Erst am nächsten Morgen um sechs Uhr wird das Verhör abgebrochen. 22 Stunden sind inzwischen vergangen.[16]

Ein Schlüsselerlebnis aus diesem Verhör wird mir mein Leben lang unvergesslich bleiben. Kurz vor dem Ende, nach vielen Stunden, die ich in einer Ecke des kargen Raumes hilflos auf einem Hocker kauere, spüre ich plötzlich eine ungeahnte Kraft. Nichts kann mir etwas anhaben. Ich beschließe, auf Fragen nicht mehr zu reagieren. Eine imaginäre Mauer um mich herum schützt mich, eine Mauer, an der alle Fragen abprallen. Mir ist alles egal. Selbst wenn sie versuchen sollten, mich umzubringen. Die Vernehmer erkennen, dass mit mir nun nichts mehr anzufangen ist. Sichtlich verunsichert ändern sie ihre Taktik. Wie beiläufig bemerkt einer neben mir: „Ihr Mann ist auch hier". Ich reagiere nicht. „Sie glauben uns nicht?" Schweigen. „Wir müssen Ihnen wohl erst einen Beweis vorlegen?" Wieder bleibe ich stumm. Ich höre alles, bringe aber keinen Ton heraus.

Sie wollen mir Schuldgefühle einreden, werfen mir vor, Ulla, Eberhard und Werner nicht rechtzeitig von ihrem Fluchtvorhaben abgebracht zu haben. Selbst wenn mir das nicht geglückt sein sollte, hätte ich doch immerhin ihren Plan anzeigen müssen. „Sie sind schließlich einige Jahre älter!" Dabei appellieren sie an meine Erfahrungen als Mutter. Ich hätte es, halten sie mir vor, keinesfalls zulassen dürfen, dass sich drei junge Menschen ahnungslos dem Klassenfeind ausliefern wollten.

Wieder hilft mir meine innere Mauer. Dabei wäre ich fast schwach geworden und hätte selbst an meine Schuld geglaubt. Stattdessen trete ich entschlossen auf, erlaube mir keine Gefühle mehr. Für die Männer von der

[16] Dokument Erstvernehmung Anh. S. 172.

Stasi bin ich plötzlich eine harte Nuss. Du hast nichts mehr zu verlieren, sage ich mir, bist wie Hartmut in ihrer Gewalt. Auch Torsten, noch immer im Krankenhaus in West-Berlin, ist weit weg.

Nach diesen 22 Stunden Verhör werde ich in einen Gefangenentransporter gesperrt. Um mich herum herrscht Dunkelheit, nicht ein Lichtschein dringt in die beengte Zelle. Das Ziel der Fahrt halten sie geheim. Mein Gefühl sagt mir aber, dass es länger dauert als zur Magdalenenstraße. Als der Wagen hält, höre ich Tore quietschen und Gitter knallen. Die Zellentür wird geöffnet, ich muss aussteigen, stehe in einer grell erleuchteten Garage. Das Licht blendet und meine Augen fangen an zu brennen - Teil der Stasi-Inszenierung zur Einschüchterung ihrer Opfer.

Ein Posten führt mich über einen Gang in eine Kammer. Bis auf die Haut muss ich mich ausziehen, grätschen und in gebückter Haltung verharren. Der Posten grinst und sieht nach, lässt keine Körperfalte aus, es könnte ja noch Verbotenes darin versteckt sein. Nach der Prozedur wird mir Anstaltskleidung ausgehändigt. Ich kann mich wieder anziehen.

Nur noch eine Nummer: „vermessen" und fotografiert

Von dem Moment an verliere ich auch meinen Namen, bin nur noch eine Nummer: „93-2", 93 war die Zellennummer, 2 die Seite, auf der meine Pritsche stand. Meine Zellengenossin hatte die Nummer 93-1. Mit „93-2" spricht mich hier jetzt jeder an. Als Häftling hatte ich die Nummer „741", das erfuhr ich nach dem Zusammenbruch der DDR aus meinen Stasiakten. Und erst seitdem ist mir auch bekannt, dass mein Gefängnis die berüchtigte Stasi-Untersuchungshaftanstalt in Berlin-Hohenschönhausen war.

Als besonders demütigend empfanden wir die Männerkleidung, die wir tragen mussten: Unterwäsche mit langen Hosenbeinen, langen Ärmeln, blauweiß gestreift; Uniformhose und -jacke in dunkelblau, dazu ein grünes Oberhemd, aber keinen BH. Ein Paar dicke graue Socken und Filzpantoffeln gehörten außerdem zur Anstaltsausstattung. Auf die Hosenbeine, auf die Oberseite der Ärmel und den Rücken hinunter waren grüne, etwa vier Zentimeter breite Streifen genäht. In Wirklichkeit ersetzten diese Streifen Stoffpartien der Anstaltskleidung, die zuvor herausgeschnitten worden waren. Auch das hatte offenbar einen Sinn. Riss man sich bei einer Flucht die grünen Streifen ab, um nicht gleich als Häftling aufzufallen, hätten die dadurch entstandenen „Schaufenster" keine Zweifel an unserer Herkunft gelassen. Sie hatten an alles gedacht.

Die Zelle ist trist und ziemlich kalt. Sie liegt nach Norden. Kein Sonnenstrahl verfängt sich darin. Das Fenster ist mit Glasbausteinen zugemauert, keine Wolke, keinen Vogel sehe ich, nicht einmal einen Ast, der sich im Wind bewegt. Karg auch die Ausstattung: Auf den beiden Holzpritschen liegen dreiteilige Matratzen, ein zerschlissenes Bettlaken darüber, als Kopfkissen muss eine Decke herhalten, die Bettwäsche ist kariert. Quer vor dem Fenster steht ein kleiner Tisch mit zwei Hockern. Nichts kann hier bewegt werden: das Mobiliar ist mit Winkeleisen am Boden befestigt. Gleich neben der Zellentür die Toilette, das nackte Becken ohne Deckel.

Die bedrückende Enge lässt Bewegungen nur nach Absprache mit der Zellengenossin zu. Drei Schritte vor und drei zurück, das ist die gesamte Wegstrecke für eine Person. Der Abstand zwischen den Pritschen misst kaum 50 Zentimeter. Tagsüber darf die Pritsche nicht benutzt werden. In der Zellenordnung heißt es: „Liegen ist am Tage verboten!" Ich sitze also aufrecht auf dem Hocker, die Zellenordnung verbietet es auch, sich an die Wand zu lehnen oder den Kopf auch nur auf dem Tisch abzustützen. Bin ich an der Reihe, laufe ich hin und her, drei Schritte vor, drei zurück.

Nicht das geringste Detail soll in diesem kahlen Käfig an die Außenwelt erinnern. Nicht ein persönliches Requisit ist erlaubt, keine Zahnbürste, kein Kamm oder Handtuch, auch der Rasierapparat der Männer muss in einem kleinen grauen Kasten außerhalb der Zelle aufbewahrt werden. Nur für die Morgentoilette dürfen wir die Utensilien benutzen.

Über Monate erlebe ich die Hölle. In den ersten beiden Wochen darf ich kaum oder gar nicht schlafen: nachts brennt unablässig das Licht; alle zehn Minuten werde ich durch den Türspion beobachtet, nicht selten auch unsanft aus dem Tiefschlaf geholt. Immer wieder gibt es nicht enden wollende nächtliche Vernehmungen. Schlafentzug als eine Methode psychischer Folter war fester Bestandteil des Verhörkonzepts und wurde bei fast allen politischen Häftlingen angewandt. Er führt unweigerlich zu - natürlich gewollten - Konzentrationsschwächen. Das Schlafdefizit machte mir am meisten zu schaffen. Ich fühlte mich zunehmend ausgelaugt. Hatte ich anfangs noch sorgfältig auf die korrekte Wiedergabe einer Vernehmung im Protokoll bestanden, etwa darauf, dass sinnentstellende Worte korrigiert wurden, unterließ ich das später. Ich unterschrieb einfach alles, was sie mir vorlegten, es war mir egal.

Mein Vernehmer begegnete mir nur noch mit Zynismus: „Sie können sich drei Anwälte nehmen, wenn Sie sie bezahlen können. Aber helfen kann Ihnen nicht einer!“ Denn nach DDR-Logik hatte ich ein Kapitalverbrechen begangen, weil ich drei hoffnungsvolle, junge Leute nicht angezeigt hatte, die die DDR verlassen wollten.

Jeglicher Kontakt zur Außenwelt war während der Vernehmungen verboten: Angehörigen durfte ich nicht schreiben, meinen Anwalt nicht sprechen und sogar die Lektüre von Büchern und Zeitungen war mir verwehrt. Selbst meine Mitgefangenen sah ich nicht: Kam ich mal aus meiner Zelle raus, führte man mich über einen kahlen Korridor. Leuchteten an der Decke rote Glühbirnen, musste ich wie vor einer Ampel warten: „Stillgestanden! Augen nach unten.“ Denn Häftlinge sollten keinesfalls ihren Leidensgenossen begegnen. Besonders schlimm war, dass ich nicht wusste, wo sie mich hinbrachten. Alles blieb geheim. Auch den Namen des Vernehmers erfuhr ich nicht. Er war jung, ehrgeizig und höhnisch. Nach dem Mauerfall entdeckte ich seinen Namen in meinen Stasiakten. Seitdem bin ich auf der Suche nach Herrn Berndt. Als ihm das zu Ohren kam, hat er mich wissen lassen, dass er zu keinem Gespräch bereit sei. Aus Feigheit oder Verbohrtheit? Ich habe viele Fragen an ihn. Er stand für eine perfide Demütigung der Gefangenen durch das System.[17]

[17] Dokument mit Unterschrift Vernehmer Berndt, Anhang S. 173.

Das geheime Kommunikationsnetz

In der Zelle litt ich am meisten unter Einsamkeit. So konzentrierte ich mich auf jedes Gespräch, jedes Geräusch und versuchte es zu deuten. Bald konnte ich sogar unterscheiden, ob eine Zellentür für eine Vernehmung nur einmal oder gleich mehrere Türen mehrmals hintereinander in kurzen Abständen geöffnet wurden, wie für einen Freigang. Dann hoffte ich; ebenfalls zum Luftschnappen in den „Tigerkäfig“ zu kommen. Zwischen den Kommandos: „Komm'Se“, „Gehn'Se“ lauschte ich nach vertrauten Stimmen, nach der meines Mannes oder denen von Ulla, Eberhard und Werner. Aber das war vergebens. In den ersten Tagen der Haft hörte ich ab und zu ein leises Wimmern und Weinen. Ich wusste zwar nicht von wem es kam, doch es erinnerte mich an Ulla.

Geradezu aufschrecken ließen mich eines Tages Geräusche, die ich bis dahin überhaupt noch nicht „geortet“ hatte. Es war ein leises Rascheln oder Pochen, das von den Wänden kam. Ich brauchte einige Tage, bis mir klar wurde, was das bedeutete: da wurde geklopft, systematisch. War das womöglich ein geheimes Kommunikationsnetz? Tauschten Häftlinge Informationen aus? Aber welche? Von wem? Mit wem? Jetzt wurde es spannend. Ich wollte unbedingt daran teilhaben. Auf einmal begriff ich: Sie klopften nach dem Alphabet, einmal für den Buchstaben „A“, für „B“ zweimal, usw. Ein Geräusch - Rascheln oder Kratzen an der Wand - war das Suchsignal, ersetzte sozusagen das Telefonklingeln. War der Angerufene „gesprächsbereit“, wurde zurückgeraschelt. Das war sehr aufregend, hoffte ich doch immer auf einen Kontakt zu einem Bekannten.

Das erste Wort galt meist dem Namen. War der „Anrufer“ unbekannt, fragte man nach Häftlingen. „Kennst Du Hartmut?“ oder „Wo ist Ulla?“ Das System ermöglichte es, an Informationen zu gelangen, an die man offiziell nicht kommen sollte. Übrigens schmuggelten sich nicht selten Wachposten in unser „Telefonnetz“ ein, um uns auszuhorchen. Da sie aber mit einem anderen Rhythmus „funkten“, haben wir Häftlinge das schnell bemerkt. Vorsicht war eben das oberste Gebot. Wer beim Klopfen entdeckt wurde, kam in eine andere Zelle oder in den verschärften Arrest: das bedeutete mehrere Tage Gummizelle oder Dunkelzelle.

Erpressungsversuch

Eines Morgens - die Vernehmungen sind fast abgeschlossen - bringt mich ein Transporter in ein anderes Gefängnis; heute weiß ich aus der Stasiakte, dass man mich von Hohenschönhausen in den Stasiknast Magdalenenstraße in Berlin-Lichtenberg fuhr, also in die Stasizentrale. Was haben sie mit mir vor? In einer Zelle ohne Pritsche und ohne Hocker verbringe ich den Tag stehend. Verpflegung ist nicht vorgesehen, wohl weil ich nicht zum „Haus“ gehöre.

Was kann das bedeuten? Schon wieder diese Ungewissheit. Meine Gedanken gehen kühne Wege: Steht meine Entlassung bevor? Darf ich vielleicht die DDR für immer verlassen? Meine Fantasien kreisen um Torsten. Wie mag er jetzt aussehen? Bin ich für ihn noch seine Mutter? Die Spannung in der Zelle ist unerträglich. Aber nichts geschieht.

Erst am Abend werde ich herausgeholt und wieder in den Wagen gesteckt. Der winzige „Käfig“ bleibt jetzt offen. Ich finde das sonderbar. Ein Mann in Zivilkleidung steigt ein und beginnt unvermittelt ein Gespräch. Auch das ist sonderbar, hat doch seit Monaten niemand mehr mit mir geredet. Er habe sich meinen „Fall“ angesehen, sagt der Mann, während der Gefangenentransporter zurück nach Hohenschönhausen fährt. Angeblich hält er mich für unschuldig und will für meine Entlassung sorgen. Meine Gedanken überschlagen sich. Darf ich nach Hause, wenn sich die Zellentür das nächste Mal öffnet?

Doch die Zellentür bleibt zu. An diesem Abend, am nächsten Tag, an jedem Tag der nächsten Wochen. Verzweiflung und Hoffnung, schlaflose Nächte. Immer wieder stelle ich mir dieselben Fragen. Die Ungewissheit macht mich fast krank. Drei Wochen sollte es noch dauern, bis sich die Tür endlich öffnet und ein Wächter mich zu meinem Stasi-Vernehmer bringt. Es duftet nach Kaffee. Vernehmer Berndt wirkt freundlicher als gewohnt, weniger distanziert. Er beginnt im Plauderton, ein Ton, den ich von ihm nicht kenne. Er bietet mir Kaffee an. Ich habe keine Zweifel mehr, was das bedeutet! Hastig leere ich die Tasse, fühle mich etwas gestärkt für das Kommende. Seine Worte rauschen an mir vorbei. Ich bin besessen von einer Idee: sie werden mich entlassen. Wo bist du eigentlich?

frage ich mich schon. Bist du noch in Berlin? Wie kommst du hier weg? Welche Verkehrsverbindungen gibt es? Hast du auch Geld für eine Fahrkarte? Die Stasistimme holt mich in die Wirklichkeit zurück. „Wie ich gehört habe, befindet sich Ihr Sohn auf feindlichem Territorium." „Ja," fällt mir dazu nur ein. - „Unseren Informationen nach ist er sehr krank." „Ja," sage ich wieder, aber was wollen sie eigentlich? Ist Torsten etwas zugestoßen? Haben sie ihm etwas angetan, schrecken sie nicht einmal davor zurück, ein kleines Kind zu attackieren? „Sie wollen doch bestimmt Ihren Sohn sehen?" Diese Frage verblüfft mich. „Ja, aber wie denn?" bringe ich nur noch verdutzt heraus. - „Das lässt sich arrangieren." Die Stasi, sagt Berndt, könne mir alle Wünsche erfüllen, auch den, meinen kranken Torsten in der West-Berliner Uniklinik zu besuchen.

Ich bin misstrauisch. Während ich hier im Knast sitze, bieten sie dir einen Ausflug ins feindliche Ausland an. Ich kann mir keinen Reim darauf machen. Aber jetzt höre ich genau hin. Ein Passierschein liege schon bereit, sagt er, nur meine Unterschrift fehle. Allerdings erwarte man eine kleine Gefälligkeit von mir: Ich soll mich mit Michael Hinze im Schlosspark Charlottenburg treffen und mit ihm spazieren gehen. Mit Michael, der ja die gescheiterte Flucht von Ulla, Eberhard, Werner und unserer Mutter organisiert hatte. „Sie wissen doch, eine Hand wäscht die andere." Ganz harmlos bemerkt er noch: „Alles andere machen wir!"

Dieser Satz war wohl ein Fehler, aber das konnten sie nicht wissen. Denn er weckt bei mir Erinnerungen an einen spektakulären Entführungsfall, den die Stasi vor Jahren in West-Berlin inszeniert hatte. Damit steht meine Entscheidung fest, aus dem Handel würde nichts werden. Opfer war der in West-Berlin arbeitende Journalist Karl Wilhelm Fricke, der die Ost-Berliner Machthaber wiederholt mit seinen DDR-kritischen Zeitungs- und Rundfunkbeiträgen erbost hatte. Am 1. April 1955 traf ihn die Rache Ost-Berlins. Die Stasi betäubte ihn und verschleppte ihn aus West-Berlin in den Ostteil der Stadt. Dort wurde ihm der Prozess gemacht. Vier Jahre musste er bis zum letzten Tag im Stasiknast absitzen.

Nach seiner Entlassung, 1959, berichtete Fricke darüber in einer Rundfunksendung im RIAS (Rundfunk im Amerikanischen Sektor). Zufällig hatte ich gerade das Radio eingeschaltet. Es war zwar verboten, Westsender zu hören oder zu sehen. Nicht wenige hielten sich auch an das Verbot.

Ich gehörte aber zu den vielen anderen, die es missachteten. Außerhalb Ost-Berlins war allerdings der Empfang von Westsendern lange Zeit nicht möglich, weil der Osten versuchte, sie zu stören, vor allem in der Provinz. Der sächsischen Region hatte das im Volksmund die Bezeichnung „Tal der Ahnungslosen" eingetragen, besonders als es dann Ende der fünfziger Jahre das Fernsehen gab. In Ost-Berlin war das aber anders. So erfuhr ich vom Fall Fricke, der mir derart unter die Haut ging, dass ich ihn niemals vergessen werde.

Der Preis, den ich für den Besuch meines Kindes bezahlen soll, ist mir zu hoch. Den Lockvogel für eine Entführung Michael Hinzes will ich nicht spielen. Er vertraut mir, er würde auf meinen Anruf hin sofort zu einem Treffen in den Park kommen, das weiß ich. „Nein und nochmals Nein!", sage ich spontan und denke: „Für so eine Sauerei stehst du nicht zur Verfügung." So wurde Karl Wilhelm Fricke für mich im Stasiknast eine Art Schutzengel. Sein Schicksal bewahrte mich vor einem schlimmen Verrat, zu dem sie mich erpressen wollten. Mit diesem klaren „Nein" habe ich mich gegen das Wiedersehen mit meinem kranken Kind entschieden. Aber ich musste abwägen zwischen Verrat mit schlimmen Folgen für einen unbeteiligten Menschen und dem Besuch Torstens. So endete mein letztes Verhör. Einige Wochen später saßen Hartmut und ich neben den drei Studenten vor den Richtern.

Jahre hatte ich noch mit Selbstvorwürfen zu kämpfen. Dennoch konnte ich ruhig schlafen, da ich alle Argumente bedacht hatte. Ich will nicht verschweigen, dass ich mich manchmal gefragt habe, besonders als Torsten endlich nach Hause kam und erhebliche Umstellungsschwierigkeiten hatte: Wäre es nicht doch besser gewesen, die Bedingung der Stasi zu erfüllen und den Lockvogel zu spielen? Der Zwiespalt ließ mich lange nicht los. Mir blieb nur, inständig zu hoffen, mein Kind möge bald gesund und wir eine glückliche Familie sein. Aber das sollte noch Jahre dauern.

Neun Wochen nach meiner Festnahme - also Mitte Mai 1963 - wurde ich von meiner kalten Nordzelle in Hohenschönhausen in eine südliche Zelle verlegt. Immer noch war meine Zukunft ungewiss. Doch in der anderen Umgebung erschien mir das Gefängnis nicht mehr ganz so grau und trostlos. Ein mattes Sonnenlicht quälte sich gelegentlich durch die dicken Glasbausteine. Meine neue Zellengefährtin war mir vom ersten Augenblick an sympathisch, allmählich entwickelte sich ein engeres Verhältnis zwischen uns. Fanny war aus Dresden, Schriftstellerin und Wilhelm Busch-Rezitatorin. Unsere Freundschaft währte über die Haft hinaus bis zu ihrem Tod. Ganz anders meine erste Zellengenossin, die mir gleich zuwider war - zu Recht, wie sich später herausstellen sollte. Denn meine Stasi-Akten belegen es: Sie war als Zellenspitzel, als sogenannte Zelleninformatorin (ZI), auf mich angesetzt.

Mit Fanny habe ich auch unser „Kommunikationsnetz" genutzt. Immerzu klopften wir die Wände nach „Gesprächspartnern" ab. Eines Tages hörte ich ein noch unbekanntes Klopfgeräusch. Wir waren aufgeregt, gespannt darauf, was kommen sollte, besonders Fanny, denn sie beherrschte die Klopftechnik noch nicht. Ein Neuankömmling verhieß auch immer Abwechslung im eintönigen Knastalltag. Aber wir mussten vorsichtig sein, damit uns der Kontakt erhalten blieb. Tag und Nacht haben Walter - so hieß der Neue - und ich uns unterhalten. Wir nannten uns kurz „Lie" und „Joe". Fanny ließ uns gewähren, nicht einmal hat sie mein Vertrauen missbraucht.

Wenn ich in Vernehmungen war und „Joe" sich meldete, antwortete sie an meiner Stelle. Die Klopferei mit ihm war derart heftig, dass sich zuweilen die Haut von meinen Knöcheln löste und das Blut Spuren an der Wand hinterließ. Einmal war sogar der Putz heruntergerieselt. Als ich am Morgen den kleinen Krater sah, war der Schrecken groß. Jeden Moment musste ich mit Strafe rechnen. Es dauerte auch nicht lange und ein Uniformierter riss lärmend die Zellentür auf. Mutlos folgte ich seinen barschen Anweisungen. Ich befürchtete das Schlimmste, als er mich zu meinem Vernehmer brachte. Meine Hände konnte ich nicht verstecken, die wunden Fingerknöchel mussten einfach auffallen. Zu meiner Überraschung hielt sich der Stasimann aber gar nicht lange damit auf: „Ach, das Klopfen beherrschen Sie auch schon", sagte er nur nebenher. Diesmal blieb es folgenlos, dieses eine Mal ließ er Verständnis aufblitzen.

Klopfen mit Hartmut und Werner

Das Klopfen mit einem Bekannten erlebte ich erstmals in der Zelle eines Gefangenentransporters. Ich ahnte nicht im Geringsten, wohin es ging und was man mit mir vorhatte. Die „Grüne Minna“ war kaum losgefahren, da setzte in der Nachbarzelle ein leises Pochen ein. Weil das Fahrgeräusch sehr laut war, sollte es noch eine Weile dauern, bis ich die Zeichen deuten konnte. Hinzu kam, dass ich sehr aufgeregt war. Schlimmste Befürchtungen machten mir zu schaffen, bis hin zur Angst, einfach erschossen zu werden. Die Stasi, da hatte ich keine Zweifel mehr, schreckt gerade vor Psychoterror nicht zurück; Todesängste zu schüren, war ihre Spezialität. Immer wieder geht mir die Aussichtslosigkeit meiner Situation durch den Kopf: meine Untersuchungshaft, ohne ein Gespräch mit einem Anwalt oder einem Angehörigen, nicht einmal Post hat man mir ausgehändigt.

Plötzlich sind da wieder die Klopfgeräusche. Aus der Zelle nebenan höre ich immer wieder dieselben vier Buchstaben. C-O-C verstehe ich auf Anhieb, aber den vierten übertönt der Motor. Dann trifft mich fast der Schlag, ich begreife das Unbegreifliche: Es muss Werner sein, einer der drei Studenten. Neben mir - zwischen uns nur eine dünne Blechwand - sitzt Werner Coch. War er denn nicht vor Monaten durch einen Kopfschuss an der Grenze getötet worden? Bevor er zu Boden sank, soll er doch noch meinen Namen gerufen haben. Eine Geschichte, die mir mein Vernehmer Berndt einfach aufgetischt hat. Lange habe ich um Werner getrauert. Und nun sitzt er neben mir! Ich bin erleichtert, alle Traurigkeit, alle Schuldvorwürfe, die man mir eingeredet hatte, sind wie weggeblasen.

Am mir noch unbekannten Ziel - es war Rostock - ging das Klopfen nach Bekannten erst richtig los. Kontakte zu Menschen in der Nachbarzelle waren wichtiger als Essen und Trinken, Klopfen war Lebenselixier, es ist mir damals regelrecht zur Sucht geworden. Als hätte ich es herbeigeklopft: das, worauf ich in Berlin so sehr gehofft hatte, geschah nun doch noch. Das Wort erkenne ich sofort: „B-r-i-g-a-n-t“. Nur Hartmut kann es klopfen. Es ist der Name unseres Segelboots, von uns einst als Erkennungswort für Notfälle verabredet. Kein Zweifel, man hat uns nebeneinander untergebracht. Nach so vielen Monaten haben wir uns endlich wiedergefunden. Ich fühle seine Nähe, so, als gäbe es keine trennende Wand zwischen uns. Vergessen ist die Eintönigkeit der Zelle. Zusammen werden wir es schaffen, irgendwann, mache ich mir Mut, werden sie uns hier raus lassen müssen. Die Anstaltsleitung bemerkt ihren Irrtum schnell. Noch am selben Tag verlegen sie mich in eine andere Zelle. Eben noch habe ich neue Kraft geschöpft, nun scheint mir der Boden unter den Füßen wegzusacken.

Gefangenentransportwagen im Stasigefängnis Hohenschönhausen

Der Prozess

Die Gerichtsverhandlung sollte nach fünf Monaten Untersuchungshaft nicht in Berlin, sondern in Rostock stattfinden. Rostock hatte man wohl gewählt, um die Gefahr einer Veröffentlichung im Westen über das Verfahren zu verringern. Westliche Medien wussten von Torstens Notlage auf der Westseite der Mauer und der seiner Eltern im Osten. Der Prozess begann am 5. August 1963 und dauerte bis zum 15. August. Viermal trat das Bezirksgericht in der Hansestadt zur Verhandlung zusammen. Unser Pflichtverteidiger sollte der Berliner Anwalt Wolfgang Vogel sein. Hartmut und ich lehnten das ab, wir wollten lieber unseren Familienanwalt. Vogel war uns einfach kein Begriff, denn damals hatte er in der Öffentlichkeit die bedeutende Rolle als „Beauftragter der DDR-Regierung zur Lösung humanitärer Fragen“ noch nicht. Uns wird vorgeworfen, die Studenten zum Verlassen der DDR verleitet zu haben. Im Haftbefehl, den ich erst in den Stasiakten fand, liest sich das im Bürokraten-Deutsch der DDR so:

„Rührdanz, Sigrid, ... wird beschuldigt, seit Anfang 1962 es unternommen zu haben, Bürger der Deutschen Demokratischen Republik zum illegalen Verlassen der DDR zu verleiten, zumindest aber mit Rat und Tat wissentlich Hilfe bei solchem illegalen Verlassen zu leisten.

Die Beschuldigte steht in Verbindung mit Angehörigen einer Westberliner Schleuser- und Terrororganisation, die Personen aus der DDR abwirbt und mit illegalen Papieren oder durch gewaltsames Durchbrechen der Staatsgrenze solchen Personen das illegale Verlassen der DDR ermöglicht.
Dabei bewahrt sie gefälschte Reisepässe in ihrer Wohnung auf, organisiert Zusammenkünfte und machte Mitteilungen über die zu erfolgenden Schleusungen und gewährte auch Personen, die ausgeschleust werden sollten, Obdach- und Übernachtungsmöglichkeiten in ihrer Wohnung.
Es besteht der dringende Verdacht, dass sie selbst die DDR illegal verlassen will.“

Die Einzelheiten der Anklage erfahren wir erstmals im Gerichtssaal. Vor Prozessbeginn gibt es für uns keine Anklage und nach dem Prozess kein schriftliches Urteil. Die DDR war doch gar nicht so schlimm, sagen heute manche Leute. Es gibt kluge Menschen, die meinen, wenn man etwas über einen Staat erfahren will, muss man in seine Gefängnisse gehen.

Was hatte man von der DDR-Justiz zu erwarten? Erst einige Minuten vor Beginn der Verhandlung durfte ich mit dem von mir gewählten Anwalt sprechen. Von ihm erfuhr ich, Chancen auf ein faires Verfahren hätte ich nicht; mehr Hinweise konnte er mir nicht bieten in den wenigen Minuten, die uns zur „Prozessvorbereitung" blieben. Abwarten und sehen was geschieht, lautete sein Rat. Die Anklage vernahm ich erstmals im Gerichtssaal. Natürlich ist mir das Urteil auch nie zugestellt worden, ein Aufseher reichte es mir einige Tage nach Prozessende in die Zelle. „Hier, lesen sie schon!" Ich fing an zu lesen. Der Posten: „Beeilen Sie sich! Machen Sie hin! Blättern Sie endlich um!" Am Ende habe ich gesagt: „Nehmen Sie! Hauen Sie ab damit!" Nur unter Aufsicht hatte ich es überfliegen können und musste es gleich zurückgeben.

All das sind typische Erscheinungen der DDR-Justiz. Schon bei den Enteignungsverfahren gut ein Jahrzehnt früher war es ähnlich. Experten für DDR-Recht sagen, das DDR-Recht habe rechtsstaatliche Standards nur vorgetäuscht, die Rechtssprache habe mehr verschleiert als offenbart; in den Urteilen seien Tatbestände regelrecht verfälscht oder gefälscht worden. Oder Betroffenen wurden gar, wie in unserem Fall, Anklageschriften und Urteile vorenthalten.[18]

Selbst nach unserer Entlassung aus dem Gefängnis bekamen wir weder Anklageschrift noch Urteil zu sehen. Erst nach der deutschen Einheit also mehr als 25 Jahre später konnte ich die Schriftstücke in Ruhe lesen. Nicht einmal unser Anwalt hat sie erhalten, obwohl er - mit meinem Einverständnis - Revision eingelegt hat. Aus den Stasiakten erfuhr ich von der Fortsetzung des Verfahrens: das Oberste Gericht der DDR hat die Revision bereits sechzehn Tage nach dem Urteil verworfen.

[18] Vgl. Anhang: Enteignungen und Recht in SBZ und DDR, S.166.

Anklägerin: „Verrat am Arbeiter- und Bauernstaat“

Als die Staatsanwältin am ersten Verhandlungstag die Anklageschrift verliest, packt mich regelrecht die Wut: *„Die Beschuldigten haben durch ihre Handlungen einer westberliner Schleuserorganisation, die im Auftrage der Feinde unseres Staates, der Bonner Ultras, auch nach den eingeleiteten Sicherungs- und Schutzmaßnahmen vom 13.8.1961 alles unternahmen, um ihren Menschenhandel fortzusetzen und Bürger der Deutschen Demokratischen Republik zum illegalen Verlassen der DDR zu bewegen, aktive Unterstützung gewährt. Sie haben sich damit gleichzeitig durch ihr Tätigwerden mit den Feinden unseres Arbeiter- und Bauernstaates solidarisch erklärt und alle erhaltenen Aufträge gewissenhaft durchgeführt. Alle Beschuldigten erhielten durch unseren Arbeiter- und Bauernstaat die Möglichkeit, entsprechend ihren Fähigkeiten und Leistungen tätig zu werden, zu studieren und sich eine gesicherte Existenz aufzubauen. Durch ihre Handlungsweise haben sie Verrat an unserem Arbeiter- und Bauernstaat geübt und es macht sich im Interesse des Schutzes und der Sicherheit unseres Staates vor solchen feindlichen Angriffen erforderlich, die Beschuldigten entsprechend den Gesetzen unseres Arbeiter- und Bauernstaates zur Verantwortung zu ziehen.“*

Erneut bin ich der staatlichen Macht, diesmal in Gestalt der Staatsanwältin Schmidt und der Richterin Kienert, ausgeliefert. Die Juristinnen verunglimpfen mich bis zum Urteil mit ihren Hasstiraden. Eine sachliche Verteidigung ist ausgeschlossen. Als Ältere - ich war gerade mal 29 (!) - noch dazu als Mutter, hätte ich die Pflicht gehabt, die Studenten von ihren Fluchtplänen abzuhalten statt sie zu unterstützen. Ich hätte sie hindern müssen, sich dem Kapitalismus und Imperialismus „an den Hals (zu) werfen“. Später im Urteil: *„Die Angeklagte, die aufgrund ihrer nicht positiven Einstellung zu unserem Staat, die noch verstärkt wurde, weil sie die Sicherungsmaßnahmen unserer Regierung vom 13.8.1961 als eine Schikane auffasste, bat Hinze darum, ob nicht auch die Möglichkeit der Ausschleusung für sie, ihren Ehemann und ihrer Mutter bestünde, weil sie ständig bei ihrem kranken Kind bleiben wollte.“* Ihre *„abweichende Haltung gegenüber unserem Staat“* werde noch *„durch die Tatsache verschlimmert, daß die Angeklagte eine ständige Hörerin des feindlichen NATO-Senders war.“*

All das wird im Urteil über 31 Seiten ausgebreitet.[19] Aber Torsten wird darin nur am Rande erwähnt. Im umständlichen DDR-Deutsch heißt es:

„Die Angeklagten haben mit ihren Handlungen in unterschiedlichem Umfange die aggressive Gewaltpolitik der revanchistischen und militaristischen Kreise der Bonner Regierung verwirklicht bzw. unterstützt. Sie waren insgesamt mit den eingeleiteten Sicherheits- und Schutzmaßnahmen unserer Regierung nicht einverstanden und wollten deshalb den westberliner Schleuserorganisationen Hilfe und Unterstützung beim illegalen Verlassen von Bürgern der DDR gewähren. Während die Angeklagten Coch, Zutz und Hoffmann verhetzt durch das ständige Hören der NATO-Sender selber die DDR illegal verlassen wollten, haben die Angeklagten Rührdanz aus einer feindlichen Einstellung gegenüber unserem Staat diese intensive Unterstützung der feindlichen Tätigkeit geleistet. Das von ihnen in den Vordergrund gestellte Motiv, in der Nähe des kranken Kindes zu bleiben, rückte völlig in den Hintergrund."

Die Erfahrungen mit der DDR-Justiz überstiegen mein Vorstellungsvermögen. Zu Anfang hatte ich noch naiv geglaubt, ich könnte offen die Gründe für mein Verhalten darlegen. Weit gefehlt, schnell verflüchtigte sich das Fünkchen Hoffnung unter den massiven Anschuldigungen und Verunglimpfungen. Staatsanwältin Schmidt hatte für jeden von uns vier Jahre Zuchthaus gefordert, unser Anwalt auf eine „milde Strafe" plädiert. Das Gericht unter Vorsitz der Richterin Kienert folgte dem Antrag der Staatsanwältin. Bis zum Urteil hatte ich mir eingebildet, vor Gericht kommt man nur, wenn man zumindest jemanden betrogen, bestohlen, verletzt oder umgebracht hat. Da ich mich vollkommen schuldlos gefühlt habe, war das Urteil nicht so einfach zu verkraften. Die Strafen für Ulla, Eberhard und Werner waren deutlich niedriger - zwischen einem Jahr und neun Monaten und zwei Jahren und drei Monaten. Wer Beihilfe zur Flucht leistete oder „fortgesetztes gemeinschaftliches Handeln zum Verleiten zum illegalen Verlassen der DDR" beging, den bestrafte die DDR schwerer als Fluchtwillige. Die DDR war doch gar nicht so schlimm.

[19] Siehe Anhang S. 174, 175.

„Politisch-moralische Genugtuung“

Die gesamtdeutsche Justiz hat das Urteil 1992 in einem Rehabilitierungsverfahren aufgehoben.[20]

„In der Rehabilitierungssache der Frau Sigrid Rührdanz hat der Senat für Rehabilitierungssachen des Bezirksgerichts Rostock durch den Präsidenten des Landgerichts Dr. Hückstädt und die Richter am Landgericht Marin und Haller am 18. Juni 1992 beschlossen:

Das Urteil des Bezirksgerichts Rostock vom 15. August 1963 - Az: O Bs 14/63 - und der Beschluss des Obersten Gerichts vom 31. August 1963 - Az. 1 a Ust 96/63 - wird aufgehoben. Die Betroffene wird rehabilitiert.

Der Senat verkennt nicht, dass durch diese Entscheidung das der Betroffenen zugefügte Unrecht nicht wiedergutgemacht werden kann. Es ist aber ein wesentliches Element und Anliegen des Rechtsstaates, Personen, die in der ehemaligen Deutschen Demokratischen Republik im Widerspruch zu Menschenrechten und verfassungsmäßig garantierten Grundrechten strafrechtlich verfolgt worden sind, vom Makel dieser Kriminalisierung zu befreien. Der Senat hofft, mit dieser Entscheidung der Betroffenen auch innerlich eine politisch-moralische Genugtuung verschafft zu haben.“

Haftzeit

Nach dem Prozess blieben wir noch einige Wochen in Rostock. Eines Tages ließ mich der Anstaltsleiter vorführen und teilte mir mit, die Haftanstalt Berlin habe mich zur Arbeit angefordert. Ich könne aber auch in Rostock bleiben. Da ich - wenn auch nur geographisch - Torsten so wieder näher war, überlegte ich nicht lange und entschied mich für Berlin. Es ging alles sehr schnell. Mit im Wagen, aber von mir getrennt, saß mein Mann. Auch er wollte zurück nach Berlin. Als Strafgefangene war ich in das Gefängnis zurückgekehrt, in dem ich schon die fünf Monate meiner Untersuchungshaft zugebracht hatte. Dass es Hohenschönhausen war, wusste ich damals nicht, erkannte die Anstalt aber an den Gängen wieder. Weil ich „neu“ war, wurde ich anfangs im berüchtigten „U-Boot“ unter-

[20] Siehe Anhang S. 176, 177.

gebracht, im Keller eines Altbaus. Der Zellentrakt hieß so, weil die meisten Zellen dort unterirdisch lagen, keine Fenster und keine direkte Luftzufuhr hatten. Das Leben dort unter künstlicher Beleuchtung machte den Gefängnisalltag nahezu unerträglich.

Arbeiten durften auch in U-Haftanstalten der DDR nur die verurteilten Gefangenen. Ich komme zum Putzkommando. Der Tag beginnt um zwei Uhr mit dem Wecken und dem Befehl sofort zu arbeiten. Frühstück gibt es später. Wir mussten - unter Bewachung - Gänge, Toiletten und Vernehmungsräume säubern. Der Posten hatte darauf zu achten, dass die Häftlinge nicht miteinander redeten und so ihre Aufgaben nicht vernachlässigten. Erst nach vier bis fünf Stunden, wenn alles erledigt war, durften wir uns frisch machen und frühstücken. Danach nähten wir bis in den späten Nachmittag, eine halbe Stunde Mittagspause inbegriffen.

Nach der Untersuchungshaft empfand ich den Strafvollzug - abgesehen von der Zeit in der Zelle im U-Boot - als Erleichterung des Knastdaseins. Die Häftlinge waren jeden Tag beschäftigt und hatten Anspruch auf regelmäßigen Besuch der Angehörigen. Für eine Stunde Arbeit gab es fünf Pfennige, im Monat kam ich auf rund 20 DDR-Mark: das hieß täglich zwölf bis vierzehn Stunden. Dafür kaufte das Anstaltspersonal nach einem eigenen Wunschzettel einmal im Monat ein. Extravaganzen oder utopische Wünsche wurden nicht erfüllt. In der Regel ließ ich mir Lebensmittel besorgen, denn mein Hunger war anfangs kaum zu stillen. Damals habe ich mir geschworen: kommst Du jemals hier raus, ziehst du einen ganzen Tag von Lokal zu Lokal, probierst die feinsten Gerichte, bis der Magen nichts, aber auch gar nichts mehr schafft. Dazu ist es nie gekommen, aber das Hungergefühl von damals kenne ich noch heute.

Im Strafvollzug durften Angehörige uns Häftlinge einmal im Quartal besuchen. Die Besuche konnten 40 Minuten dauern und hießen im DDR-Deutsch „Sprecher“. Es durfte aber nur jeweils ein Verwandter kommen; die Angehörigen mussten sich also absprechen. Meine Mutter hatte zwei Monate nach unserer Verurteilung im Oktober 1963 zu meiner Schwester Gisela in den Westen übersiedeln dürfen. So hatte sie nun einen langen Weg vom Rheinland nach Berlin. Die Besuche Angehöriger fanden allerdings nicht in Hohenschönhausen statt - das Gefängnis lag in einem großen Sperrgebiet - sondern im Gefängnis Rummelsburg; es unterstand dem Innenministerium. Dorthin mussten die Gefangenen erst transportiert werden. Die Besucher warteten meistens schon eine ganze Weile, bevor es soweit war. Wo ich inhaftiert war, konnte ich meiner Mutter nicht sagen, denn ich wusste es selbst nicht. Hartmut war im „Arbeitskommando" der Männer eingesetzt. Einmal im Monat bekam ich eine „Sondersprecherlaubnis", dann sollte ich ihm nur „auf Abstand" gegenüber sitzen; nicht einmal umarmen oder auch nur leicht berühren durften wir uns. Hinter jedem stand ein Uniformierter; keine Sekunde ließen sie uns aus den Augen. Nach genau einer halben Stunde beendeten die Bewacher unser Treffen.

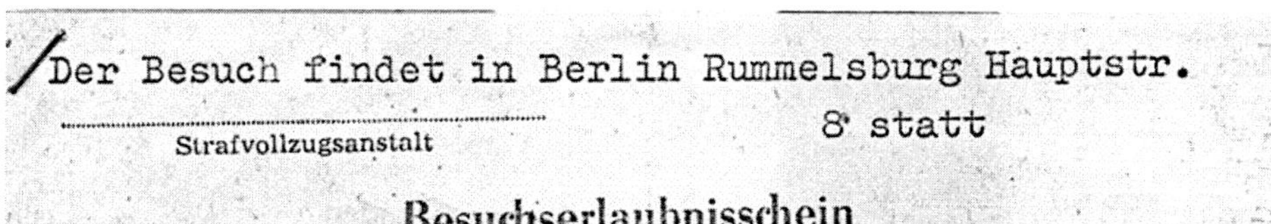

/Der Besuch findet in Berlin Rummelsburg Hauptstr. 8 statt
Strafvollzugsanstalt

Besuchserlaubnisschein

Nur für Strafgefangene

Herr / Frau / Frl. Hedwig Paul u. Frau Kuß als Begleitung erhält die Erlaubnis,

den / die / Strafgefangene (n) Rührdanz, Sigrid

am Montag, dem 31.8. 1964 um 12,30 Uhr

zu sprechen. — Die Sprechzeit beträgt .... Minuten.

Auf die Einhaltung der Besuchserlaubnis-Bestimmungen (siehe Rückseite) wird besonders hingewiesen.

Berlin, den 4.8. 1964

Leiter der Strafvollzugsanstalt

1. Besuch abgehalten ....
2. Auf der Karteikarte B eingetragen

DVP-SV 39 (87/11 A) 4020 Ag 464/62

Besuchserlaubnis: Besuch für Hohenschönhausen-Häftlinge nur in Rummelsburg

Tor des Stasigefängnisses Hohenschönhausen

Hofgang im „Tigerkäfig"

Zellentrakt

Zelle: Liegen tagsüber verboten

Bei den Besuchen durften Häftlinge Geschenke annehmen, in der Regel 500 Gramm Kaffee, etwas Dauerwurst, etwas Käse, selbst gebackenen Kuchen, eine Tafel Schokolade, Obst und Gemüse (auch konserviert in Originalverpackungen). Ausnahmsweise waren auch Textilien wie dringend benötigte Unterwäsche oder Toilettenartikel wie Kamm, Creme und Seife erlaubt. Alles wurde scharf kontrolliert. Nicht zugelassen waren Zeitschriften, schöngeistige Literatur (höchstens ein Fachbuch) und persönliche Briefe Verwandter, Freunde oder Arbeits- oder Sportkollegen. Wenn mein Schwiegervater zu Besuch kam, hatte ihm meine Mutter Sachen für mich geschickt.

Die Post war ein Problem für sich. Nur einmal im Monat war ein Brief mit höchstens 21 Zeilen erlaubt. Man durfte monatlich auch nur einen Brief, beschrieben auf einer DIN A4 Seite, empfangen. Alles lief streng nach Vorschrift und war nur nach persönlicher Antragstellung für eine bestimmte Person möglich. Hatte man 21 Zeilen überschritten, wurde der Brief erst gar nicht weiter geleitet. Er kam in die Stasiakte, wie ich später feststellte. Die Post wurde strengstens kontrolliert. Selbst die Briefmarke wurde vom Umschlag abgelöst; darunter hätte sich ja eine Nachricht verbergen können. Nicht selten waren Worte oder ganze Sätze geschwärzt. Manchmal wurde die Briefmarke gar ausgeschnitten und gleich noch ein ganzes Stück Text mit entfernt.

Zahntechnikerin im Strafvollzug

Nach einem guten Vierteljahr, im Januar 1964, verlegte mich die Anstaltsleitung vom „U-Boot“ in den Kellertrakt des neuen Zellengebäudes, wo es wenigstens Fenster gab, die Licht in das trübe Dunkel ließen. Dort hatte man für mich eine Zelle in ein Zahntechniklabor umgewandelt. Die Stasi ließ ihre Häftlinge so ziemlich alle Dienstleistungen ausführen, eben auch Zahnbehandlungen. Jetzt erst wurde mir klar, warum Berlin mich aus Rostock angefordert hatte. Schon während der Vernehmungen damals hatte mich mein Vernehmer, besagter Herr Berndt, gefragt, ob ich im Falle einer Verurteilung bereit sei, „in dieser Haftanstalt als Zahntechnikerin zu arbeiten“. Das hatte ich bejaht: „Wenn ich verurteilt werde und arbeiten muss, dann am liebsten in meinem Beruf.“ Über dieses Thema hatten wir nur einmal gesprochen. Der Zahnarzt - er verbüßte eine Langzeitstrafe wegen „Spionage" - und ich haben nicht nur Häftlinge behandeln müssen, sondern auch das Anstaltspersonal. Nun konnte ich, natürlich unter Bewachung, wieder in meinem Beruf tätig sein. Die Arbeit begann nach dem Frühstück um acht Uhr und dauerte in der Regel bis fünf Uhr, dazwischen eine halbe Stunde Mittag. So kam ich mit anderen inhaftierten Frauen zusammen, Frauen, die kochen, schälen, waschen, nähen, bügeln oder spülen mussten. Mit einigen schloss ich Freundschaft. Aber es war auch manch „falscher Fuffziger" darunter, der sich von der Stasi für Spitzeldienste anwerben ließ und das offenbar noch gern tat.

1963 hatte eine Denunziation böse Folgen für eine junge inhaftierte Ärztin, aber glücklicher Weise nicht ganz so schlimme für mich. Auf der Toilette unterhielten wir uns kritisch über die politischen Verhältnisse. Dabei belauschte uns eine Mitgefangene und hatte nichts Eiligeres zu tun, als unser Gespräch der Anstaltsleitung zu melden. Weil ich der Ärztin geduldig zugehört und nicht widersprochen hätte, bekam ich zehn Tage Steharrest. Ihre Haftstrafe aber wurde um ein halbes Jahr verlängert. Die DDR war doch gar nicht so schlimm!

Das Jahr 1964 verlief für mich in ruhigeren Bahnen. Meine Arbeit im Zahnlabor hatte mir sogar bessere Haftbedingungen beschert. Aber mir fehlte Torsten. Kein Tag, an dem ich nicht an ihn dachte. Wie sieht er jetzt aus? Wie groß mag er sein? Kann er schon sprechen? Was weiß er über seine Eltern? Diese Gedanken beschäftigten mich ständig, ließen mich oft nicht einschlafen. Gewiss hatten meine Mithäftlinge manches Mal unter meinen Stimmungen zu leiden.

Aber es gab auch bessere Zeiten. Über Tag, wenn ich mit meiner Arbeit allein war, in Gedanken vertieft. Durch das Fenster, das ich stets einen Spalt breit offen hielt, um Geräusche einzufangen, hörte ich gelegentlich auch Männerstimmen und ab und zu erreichte mich in meinem kleinen Kellerverlies sogar das mir vertraute Lachen meines Mannes. Sein Gelächter schallte über den Hof. Ganz plötzlich, Mitte Mai, verstummte es. Ich war beunruhigt, hatte mich daran gewöhnt und fühlte seine Nähe. War er krank? Was war der Grund? Die Aufseher quittierten Fragen nach Hartmuts Befinden nur mit einem höhnischen Lächeln. Jetzt musste ich mir also auch noch Sorgen um ihn machen.

Meine Unruhe wuchs und wieder fühlte ich diese Wut in mir. Fünf Wochen später konnte ich aufatmen, endlich hatte die Ungewissheit ein Ende. Ein Lebenszeichen, ein Brief von Hartmut aus Bautzen, aus dem „Gelben Elend“, wie das Zuchthaus seiner gelben Bausteine wegen genannt wird. Er war strafversetzt worden, über die Gründe durfte er nichts sagen. Aber wenigstens wusste ich, wo er war und dass er gesund war. Für längere Zeit würden wir uns jetzt nicht mehr sehen. Meine Niedergeschlagenheit sollte bald darauf einem unbestimmten Gefühl von Hoffnung weichen. Eines Tages wurden wir Frauen - im Visier von Maschinengewehren - ins Lager „X“, ins Hauptgebäude des geheimen Männerarbeitslagers gebracht. Es befand sich außerhalb des Gefängnisbezirks, aber innerhalb des weiträumigen Sperrgebiets. Eine seltsame Aufgeregtheit erfasste uns. Wir wurden geröntgt. Nicht im Geringsten konnten wir uns vorstellen, wozu Lungenaufnahmen und eine Gesundheitskontrolle dienen sollten. Einige Frauen wurden wieder in den Untersuchungstrakt verlegt. Andere, uns Unbekannte, kamen hinzu. Unerklärliches geschah. Das Wachpersonal erschien verändert, die Posten, plötzlich entspannt, ließen sich - vor Tagen noch undenkbar - sogar auf kleine Gespräche ein. Ich glaubte schon etwas wie Aufbruchstimmung zu spüren, womöglich Zeichen eines Umschwungs. Da war ich aber natürlich zu optimistisch.

Unfassbar: wieder draußen

Ein Monat vergeht. Die Wächter bleiben bei ihrem freundlichen Ton. Dann kommt der 20. August 1964, ein Tag, den ich nie vergessen werde. Dieser Tag beginnt nicht wie gewohnt. Gleich nach dem Wecken muss ich einem Posten folgen. Er sperrt mich in einen Gefangenenwagen und fährt los. Wieder eine dieser Fahrten ins Ungewisse. Ich nehme allen Mut zusammen, um den Posten anzusprechen, etwas zu erfahren. Wieder gibt es keine Auskunft, es bleibt mir nur zu spekulieren. Anders als sonst trägt der Posten keine Waffe. Dass nicht einmal Zeit für einen Abschied von meinen Haftgenossinnen blieb, lässt vielleicht auf baldige Rückkehr schließen. Der Wagen fährt nach Rummelsburg. Aber das weiß ich erst Stunden später. Dort finde ich mich in einer schmutzigen Einzelzelle wieder, ohne Pritsche, ohne Hocker. Trotz hochsommerlichen Wetters ist sie kalt und feucht. Stunden muss ich stehen, muss ohne Verpflegung ausharren. Am Abend öffnet sich die Zellentür. Ein hoch dekorierter Offizier weist mir einen Weg. Nur wenige Sekunden sind es bis zur Pforte. Sie geben mir meine persönlichen Effekten zurück, wortlos, kommentarlos. Die schwere Tür geht auf. Nur eine Kopfbewegung bedeutet mir hindurch zu gehen. Urplötzlich finde ich mich auf der Straße wieder, mit meinem Bündel Habseligkeiten.

Ist das meine Entlassung? Nach 18 Monaten Haft? Ohne Entlassungsschein haben mich die sonst so gründlichen Bürokraten ziehen lassen. Das Misstrauen will nicht schwinden. Wollen sie dich nur auf die Probe stellen? Beobachten sie dich hinter Büschen? 30 Monate Gefängnis liegen doch noch vor mir! Wie versteinert blicke ich der untergehenden Sonne nach. Einige Minuten stehe ich nur da, unfähig, klare Gedanken zu fassen. Wolken ziehen über mich hinweg, das letzte Sonnenlicht färbt den Abendhimmel orangerot. Langsam, zart, kaum wahrnehmbar steigt ein Gefühl wieder gewonnener Freiheit in mir auf. Es ist ein Moment, wie ich ihn nie wieder erlebt habe. Ich denke an die Entbehrungen und Sorgen um mein Kind. Dankbarkeit und Hoffnung erfüllen mich. Tränen laufen still über meine Wangen. Irgendwann mache ich mich auf den Heimweg.

Am selben Abend trifft auch mein Mann aus Bautzen ein. Von meiner Mutter erfahre ich Tage später den Grund für unsere rätselhafte Entlassung: die Bundesregierung im Westen hat uns freigekauft. 1963 begann das Geschäft mit dem Freikauf von DDR-Häftlingen. Der Steuerzahler der Bundesrepublik hat dafür viel Geld bezahlt. Für einen Häftling kassierte die DDR anfangs rund 40.000 DM, später stiegen die Beträge auf bis zu 100.000 DM. So konnten bis zum Ende der DDR 33.755 Häftlinge die Gefängnisse verlassen. Aber nicht nur daran hat sie gut verdient, auch für die Übersiedler musste die Bundesrepublik hohe Summen aufbringen. So flossen 3,5 Milliarden D-Mark in die notorisch leeren Staatskassen der DDR. Allerdings gelangten mit der Einheit 2,5 Milliarden DM von einem DDR-Konto in die nun gesamtdeutsche Staatsschatulle zurück; natürlich nicht nur Gelder aus dem Freikauf, sondern auch aus der Transitpauschale für Autobahnbenutzung von und nach Berlin und aus anderen Devisenquellen der DDR.

VI. Verkauft und nicht rausgelassen

„Hauptsache aus dem Gefängnis raus“

Hartmut und ich standen im August 1964 ganz oben auf der Liste freizukaufender Häftlinge, berichtete mir meine Mutter. Doch anders als die meisten ausgelösten Häftlinge durften wir nicht in den Westen. Warum das so war, wissen wir bis heute nicht. Wir haben aber erfahren, dass hinter unserem Namen der Vermerk „AG“ steht, „AG“ für „Ausschließungsgrund“, damit war in aller Regel ein behaupteter „Geheimnisverrat“ gemeint. Das traf bei uns nicht zu. Welcher Grund es war, können wir nur raten. Womöglich lag es daran, dass die DDR mit den Konstruktionszeichnungen meines Mannes nun selbst Geschäfte machen wollte, vor allem im lukrativen Westexport. Wir wissen heute, dass die Bundesrepublik damals in AG-Fällen noch nicht auf der Ausreise in den Westen bestand. Von Herbert Wehner (SPD), 1966-1969 Minister für Gesamtdeutsche Fragen in der Bundesregierung Kurt Georg Kiesinger (CDU), ist der Satz überliefert: „Hauptsache, die Leute kommen aus dem Gefängnis raus.“ Später hat die Bundesregierung mit der DDR vereinbart, dass in Fällen wie unseren die Ausreise nach einer Schamfrist gewährt wurde.

Resozialisierung à la DDR: Keine Wohnung

Ich bin wieder zu Hause, doch die Wohnung ist besetzt. Gertrud Schmits, eine gute Bekannte von mir, ist während unserer Abwesenheit - mit Zustimmung meiner Mutter, als sie in den Westen zog - als Untermieterin eingezogen. Sie wollte uns damit einen Gefallen tun und die Wohnung vor dem Zugriff der Behörden bewahren. Die KWV (die Kommunale Wohnungsverwaltung) durfte einem Mieter die Wohnung wegnehmen, wenn sie mehr als zwei Jahre leer stand. Denn Wohnraum war knapp in der DDR, besonders in den sechziger Jahren. Es nützte also nichts, regelmäßig Miete zu zahlen. Weil uns ein Gericht zu vier Jahren Zuchthaus verurteilt hatte, drohte der Verlust der Wohnung. Das wollte Gertrud, eine Germanistin, mit der „Besetzung“ verhindern.

Doch die Behörden, die eigene Pläne verfolgten, durchschauten das Manöver. Unserer Untermieterin hatten sie bereits gekündigt, bevor wir aus der Haft entlassen wurden. Keiner konnte ja ahnen, dass wir so bald zurück sein würden. Die Zuweisung für unsere Wohnung hielt längst ein Major des Innenministeriums in Händen. Er wollte sie mit seiner Familie beziehen. Deshalb musste sie sofort freigegeben werden. Ein Räumungstermin war schon angesetzt. Unser gesamtes Mobiliar wollten die Behörden auf einen Speicher bringen lassen, natürlich auf unsere Kosten. Darüber wurden wir nicht einmal informiert. Auch unser Anwalt hatte keine Ahnung von den Absichten der Behörde. Die DDR war gar nicht so schlimm.

Unsere vorzeitige Entlassung überraschte alle: unseren Anwalt, die Wohnungsbehörde, den Major und das Innenministerium. Mit unserer guten Fee Gertrud- sie war glücklicherweise noch nicht ausgezogen - fanden wir schnell eine Lösung für ein vorübergehendes Zusammenwohnen. Die Leute von der KWV indessen saßen zwischen Baum und Borke: wir waren zurück, der Major aber hatte schon die Fenstermaße für die Gardinen genommen, in der DDR ein untrügliches Zeichen für Besitzergreifung. Da wollten die KWV-Leute sich nicht geschlagen geben und bestanden auf Räumung.

Um die Pattsituation aufzulösen, verfügte das Innenministerium listig für uns ein fünfjähriges Aufenthaltsverbot für Berlin, „Berlin-Verbot“ hieß das im DDR-Sprachgebrauch. Wir sollten sofort die Stadt verlassen, irgendwo in der „Taiga“ verschwinden. Aber sie hatten die Rechnung ohne mich gemacht. Der ewigen Behördenwillkür leid, würde ich jeden Quadratzentimeter unserer Wohnung verteidigen, das schwor ich mir.

Das spielte sich dann so ab: Im Rathaus Berlin-Lichtenberg, dem Sitz der KWV für unseren Stadtbezirk, meldete ich mich so lautstark zu Wort, dass mich die Angestellten - verdutzt über meinen Auftritt - in einen Raum zerrten, um mich zu beruhigen. Doch davon unbeeindruckt tobte ich weiter: „Habe ich noch bürgerliche Ehrenrechte?“ - „Oder habe ich keine mehr, weil ich gerade aus dem Stasiknast komme?“ - „Muss ich mir meine Wohnung nehmen lassen, obwohl kein Gericht darüber befunden hat?“ - „Wollen Sie mich ins asoziale Milieu abschieben, damit sie mich gleich wieder einsperren können?“ - „Warum schiebt man uns dann nicht ab, zu unserem kranken Kind im Westen? Dann räumen wir auch die Wohnung.“ Aber eben das wollten sie nicht, aus welchem Grund auch immer.

Ich hatte mich so in Rage geredet, dass ich selbst darüber erschrak und mich beinahe für mein Verhalten entschuldigt hätte. Aber meine innere Stimme sagte mir: „Zeig keine Schwäche, sonst hast Du verloren!“ Nach den langen Monaten im Knast hatte ich keine Angst mehr vor ihnen. Sie mussten schließlich einsehen, dass ich die besseren Argumente hatte. Der Räumungstermin wurde abgesagt und dem Major die Zuweisung wieder entzogen.

Resozialisierung à la DDR: Keine Freizügigkeit

Dem vergeblichen Versuch, uns aus Berlin zu verbannen, folgte bald darauf ein auf fünf Jahre ausgesprochenes „Ostsee-Verbot“: wir durften uns nicht im Bezirk Rostock aufhalten, der die gesamte Küstenregion von Wismar im Westen bis Usedom im Osten umfasste. Von Anfang an haben wir dieses staatliche Verbot missachtet und die Eltern meines Mannes in Greifswald weiterhin besucht. Ich finde das noch heute ziemlich mutig. Allerdings konnten wir uns nun außerhalb Berlins ohne die Stasi nicht mehr bewegen. Wir mussten damit leben, sie bei jeder Reise nach Norden „im Gefolge“ zu haben. Beeindruckt hat uns das allerdings nicht, wir machten uns sogar manchen Spaß daraus.

Es war ein ständiger „Sport“ herauszufinden, in welchem Auto die Verfolger saßen. Schnell war uns aufgefallen, dass sie auf unseren Touren nach Greifswald mindestens vier Wagen einsetzten, sich also die Strecke teilten. Natürlich sollten sie wissen, dass uns das nicht entging. Auf einem dieser Familienausflüge mit unserem alten BMW, ergattert aus NVA-Militärbeständen, hatten wir programmgemäß unsere Observierer im Schlepptau. Bis Anklam verlief die Fahrt ohne Zwischenfälle. In Höhe Karlshagen, im Waldgebiet vor Greifswald, hatte mein Mann plötzlich eine hübsche Idee: „Jetzt fahren wir ganz langsam, dann müssen sie uns überholen.“ Wir waren sicher, sie würden uns bei nächstbester Gelegenheit wieder vorbeilassen. So kam es. Sie standen in einem Waldweg. Als wir sie entdeckten, fuhr mein Mann rückwärts an sie heran. Geduldig warteten wir, was geschehen würde. Würden sie sich zu erkennen geben? Nichts regte sich. Nur Hartmut stieg aus und pinkelte in aller Seelenruhe an den

Kotflügel ihres Wartburgs. Ob so ein Benehmen zu einem Eklat führt? Im Prinzip ja, aber mit der Stasi? Die beiden Männer im Wagen rührten sich nicht und beschweren wollten sie sich schon gar nicht. Sie hatten wohl strikte Anweisung, passiv zu bleiben. Still genossen wir unseren Triumph.

Resozialisierung à la DDR: Keine Arbeit

Es war nicht einfach, sich nach der Haft wieder im Alltag, in der kleinen Freiheit der DDR, zurechtzufinden. Meine Arbeit als Zahntechnikerin konnte ich in der alten Praxis in Köpenick wieder aufnehmen. Frau Dr. Günther, meine Chefin, hatte mir nicht gekündigt. Trotz meiner Verurteilung wegen einer politischen Straftat hat sie beide Hände schützend über mich gehalten. Das war in der DDR alles andere als selbstverständlich.

Anneliese Günther 1963

Meinem Mann dagegen erging es schlecht. Er durfte nicht mehr freiberuflich als Konstrukteur für Motor- und Segelyachten arbeiten. Alle Bemühungen, wieder sein Atelier zu betreiben, schlugen fehl. Auch die Fürsprache der Kunden im In- und Ausland half nicht. Die DDR-Mächtigen wollten ihm seine Selbständigkeit nehmen. Bis zur Festnahme hatte der „VEB Yachtwerft Berlin" seine Segelboote zu achtzig Prozent nach Plänen seines Büros gebaut. Danach drohte der Yachtwerft - wie wir später erfuhren - fast das Aus. Es fehlten neue Entwürfe. DDR-weit war Hartmut als einer der besten Konstrukteure anerkannt. Deshalb konnte die DDR seine Konstruktionen - vor allem Jollenkreuzer - zu sechzig Prozent exportieren. Hartmut, der unbedingt wieder als selbständiger Konstrukteur arbeiten wollte, musste nun auf andere Weise Geld verdienen.

Gute Freunde hatten unsere - für westdeutsche Verhältnisse geringe - Miete gezahlt, die Clubgebühren übernommen und vor allem die Raten für unseren im Bau befindlichen Seefahrtkreuzer beglichen. Das war mit insgesamt an die 20.000 DDR-Mark der größte Posten. Unsere Schulden wollten wir so schnell wie möglich loswerden. Aber dafür reichte es nicht. Ich brachte im Monat 420 DDR-Mark nach Hause, gerade genug zum Überleben. Auch wenn meine Westverwandtschaft mit regelmäßigen Paketen nach Kräften half, Schulden konnten wir so kaum tilgen.

Hartmuts Suche nach Arbeit erwies sich als aussichtslos, denn immer wieder war die Stasi schon da. Als er beim „VEB Taxi" anfangen wollte, verbot sie ihm den Job. Ein Mitarbeiter des Betriebs meinte dazu: „Wer weiß, was er seinen Fahrgästen aus seiner Vergangenheit erzählt. Das wollen wir verhindern." Einem privaten Kohlenhändler in Friedrichshagen drohte die Stasi: „Wenn Sie den Mann einstellen, verlieren Sie Ihr Gewerbe!" Also verzichtete der Händler auf die Einstellung, obwohl er dringend Hilfe brauchte.

Es war schon erstaunlich: In einem Land, in dem angeblich jede Hand für den Aufbau des Sozialismus gebraucht wurde, wo es auf dem Papier keine Arbeitslosen (der Volksmund bezeichnete Stasileute als „unsere Arbeitslosen") gab, sollte für Hartmut kein Platz sein. Im Sommer 1965, also zehn Monate nach unserer Entlassung, sahen wir endlich Licht am Ende des Tunnels. Der „VEB Kühlautomaten Berlin" bot Hartmut zum nächsten Ersten eine Beschäftigung als Ingenieur an. Aber auch diesmal machte ihm die Stasi einen Strich durch die Rechnung. Immerhin erreichte er seinen neuen Arbeitsplatz. Doch dort erwarteten ihn schon drei „Herren", um ihm klar zu machen, dass er nicht erwünscht sei: „Dieser Betrieb arbeitet für den Export. Da haben Sie nichts zu suchen!"

So erlebte Hartmut eine Enttäuschung nach der anderen. Nur eine Möglichkeit blieb ihm, doch die hatte er bislang strikt abgelehnt: Angestellter im Konstruktionsbüro des „VEB Yachtwerft Berlin" zu werden. Endlich begriffen wir, dass sie jede andere Arbeit blockieren würden. So willigte er schließlich ein. Sein geistiges Eigentum, das er der Werft bis zu seiner Verhaftung als „freier" Konstrukteur in Lizenz geliefert hatte, wurde jetzt staatlich vermarktet. Die Früchte erntete der VEB, also der Staat. Für uns war nur noch wichtig, endlich wieder ein Auskommen zu haben. Hartmut blieb dort bis zum Mauerfall. Die DDR war doch gar nicht so schlecht.

Torsten im Westend-Krankenhaus

Torsten war während unserer gesamten Haftzeit im Kaiserin-Auguste-Victoria-Haus (KAVH) geblieben. Schwestern und Ärzte umsorgten ihn, sangen ihm Lieder vor, brachten ihm das Sprechen und das Laufen bei, versuchten ihm ein wenig die Eltern zu ersetzen. Erhalten ist eine Karte, die Schwester Lieselotte meiner Mutter schrieb, die ja bei uns wohnte. Es ist jene Schwester, die mir bei einem meiner Besuche sagte, Torsten sei ihr wie ein eigener Sohn ans Herz gewachsen. Was sie am 3. Mai, zwei Monate nach unserer Verhaftung, schrieb, haben wir erst nach dem Urteil erfahren, als meine Mutter uns besuchen durfte und uns auch die Fotos zeigen konnte.

Sehr geehrte Frau Paul!

Haben Sie herzlichen Dank für Ihre lieben Zeilen. Ich bin froh, daß ich mit den Photos von Torsten etwas Freude bereiten konnte. Ich sehe sie mir auch oft an u. wünsche mir, daß er endlich so aussehen möge, wie es die Photos vortäuschen. Doch er will einfach nicht essen u. nicht dicker werden. Ich sehe ihn fast täglich, da er bei schönem Wetter immer spazieren gefahren wird u. er ist immer bester Stimmung. Er spricht auch schon recht viel. Es ist erstaunlich, daß er noch immer seine alte Station sowie das Personal kennt. Was hat das kleine Kind nicht schon alles durchmachen müssen, er ist schon ein rechtes Sorgenkind.

Es grüßt Sie herzlichst Ihre
L. Rübesamen

Der Leiter der Kinderklinik, Professor Adalbert Loeschke, schickte uns am 5. November 1963 einen Bericht über Torsten ins Gefängnis, aber erst, nachdem unser Anwalt ihn darum gebeten hatte: Da war Torsten fast drei Jahre alt. Der Brief trägt wie alle Post an Häftlinge in Hohenschönhausen die Anschrift: Berlin-Lichtenberg 4, Postschließfach 11 a.

Aus einer handschriftlichen Notiz geht hervor, dass mein Mann den Brief am 16.11. lesen durfte und darauf notierte: „Ich bitte den Brief meiner Frau auszuhändigen".

Sehr geehrter Herr und Frau Rührdanz!

Ich erfuhr durch Herrn Rechtsanwalt Bötzel, dass Sie über das Befinden von Torsten unterrichtet sein möchten, was ich sehr gut verstehe. Im ganzen ist er munter, macht Fortschritte im Laufen und ist fröhlich. Er ist zum Liebling der Station geworden. Natürlich haben wir hin und wieder immer noch Schwierigkeiten zu überwinden, so daß an eine Krankenhausentlassung leider bis auf weiteres nicht zu denken ist. Wir sind ohne Sonde nicht ausgekommen, da er sonst sofort wieder Schmerzen bekommt und Schwierigkeiten bei der Nahrungsaufnahme macht. Sein Gewicht ist noch unbefriedigend, 7670 g. Auch ist er an Größe hinter seinen Altersgenossen deutlich zurück. Durchfälle hat er kaum noch. Es bleibt nichts anderes übrig, als weiter so zu verfahren wie bisher in der Hoffnung, daß sich allmählich der Magen und die schwierigen Verhältnisse am Ende der Speiseröhre normalisieren.

Sie können versichert sein, daß weiterhin für das Kind alles getan wird. Vor Weihnachten werde ich Ihnen noch einmal berichten.

Mit freundlichen Grüßen Ihr
A. Loeschke

Den Ärzten gelang es schließlich, seinen Körper langsam so einzustellen, dass er - wenn auch unter großen Schwierigkeiten - wieder normal essen konnte. Torstens Gesundheitszustand besserte sich allmählich, vor allem nach unserer Haftentlassung. Die Geburt unserer Tochter Ute kündigte sich an. Zu der Zeit bestand auch die Hoffnung, dass Torsten bald wieder bei uns sein könnte. Erstmals seit vier Jahren musste er nicht mehr künstlich ernährt werden; aber er hatte immer noch große Ernährungsprobleme. Die Bedingung für eine Entlassung aus dem Krankenhaus war aber, dass er wieder normal aß.

Am 9. April 1965, Torsten war inzwischen viereinviertel Jahre alt und wir versuchten damals gerade wieder im DDR-Alltag Fuß zu fassen, schrieb uns Schwester Gisela:

Liebe Frau Rührdanz!

Wir alle wünschen Ihnen sowie Ihrem Gatten ein recht frohes Osterfest und gesunde Feiertage. Torsten hat für Sie einen Ostergruß gemalt, ganz allein - braune Osterhäschen und ein Nest mit bunten Eiern. Er sagt: „Das ist für meine Mami. Da wird sie sich freuen." Wir finden das Bild so reizend u. süß, daß wir es Ihnen unbedingt mitsenden werden. Gestern kam Ihre liebe Karte an: in Torstens Namen recht herzlichen Dank. Er hat sich so gefreut, wir mußten ihm die Karte sofort vorlesen. Jetzt hat er sie immer in den Händchen u. sieht sich den Sandmann an. Er stellte gleich die Ähnlichkeit mit seinem Sandmännchen an seinem Bett fest. Torsten wünscht sich übrigens ein Brüderchen, so sagt er jedenfalls immer.
Liebe Frau Rührdanz, Torsten macht jetzt wirklich schöne Fortschritte. Es ist so schade, dass Sie sich nicht auch daran erfreuen können. Man könnte doch verzweifeln, dieses Drama innerhalb einer Stadt. Aber darüber möchte ich nicht schreiben, lieber noch etwas neues von Torsten. Er wiegt jetzt 9450 g und ist 84 cm groß. Torsten spricht alles u. versteht alles wie ein 6jähriger. Ihm entgeht nichts! Er sagt zu mir, ich solle der Mami schreiben, er käme bald nach hause nach Kaulsdorf. Torsten läuft schon 5 Meter allein! Sonst radelt er den ganzen Nachmittag über die Station. Liebe Frau Rührdanz, für heute Ihnen alles Gute u. von
Torsten tausend liebe Wünsche - auch für seinen Papi.

Ihre Schwester Gisela

Als die englische Königin Elisabeth II. Ende Mai 1965 den Westteil der Stadt besuchte, kam sie auch an Torstens Krankenbett. Senatsstellen hatten sie über das Schicksal unserer Familie informiert. Torsten aber, von den Schwestern auf den hohen Besuch vorbereitet, war enttäuscht, weil die Queen nur mit einem Handtäschchen gekommen war, ohne Krone und ohne Hofstaat. So haben uns das die Schwestern später berichtet.

Torsten mit Schwester Betty

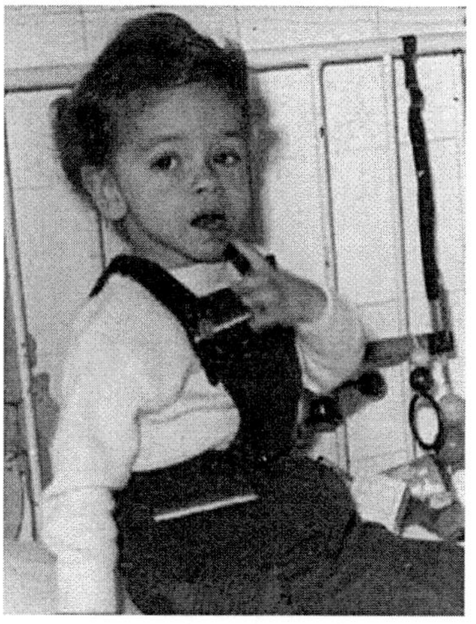

Torsten (3 Jahre) im KAVH

Torsten mit Schwester Lieselotte

Sigrid Paul und Torsten 2006

Freie Fahrt für Torsten

Erst drei Monate später, Anfang Juli 1965, konnten die Ärzte Torstens Entlassung verantworten. Er war inzwischen viereinhalb Jahre alt. Allein drei Jahre und zehn Monate hatten uns die DDR-Machthaber mit ihrer Mauer von unserem Kind getrennt. Aber nun sollte es endlich soweit sein. Wer von uns allerdings geglaubt hatte, Torstens Heimkehr in die DDR wäre nur noch Formsache, sah sich gehörig getäuscht. Für unseren großen Tag, auf den wir so lange hatten warten müssen, benötigten wir noch vom Innenministerium einen Tagespassierschein, an sich nur eine Kleinigkeit.

Aber sogar diese Selbstverständlichkeit geriet noch zu einem nervenaufreibenden Kampf mit den Behörden. Erst unsere Drohung, das ARD-Fernsehen auf unseren Fall aufmerksam zu machen, brachte Erfolg. Ein vorbereiteter Brief lag schon bei Bekannten im Westteil der Stadt. „Wenn heute nichts passiert, geht die Sache an die Öffentlichkeit“, hatten wir die „Abteilung für Inneres“ unter Druck gesetzt. Da gaben sie nach, natürlich nicht ohne die üblichen Gemeinheiten. Mein erster Passierschein seit der Haft galt nur für mich allein und musste innerhalb zwei Stunden am Grenzübergang vorgelegt werden. Sonst wäre er verfallen. Die neuerliche Schikane sollte uns daran hindern, Vorbereitungen oder Absprachen für die Fahrt zu treffen. Mir blieb also keine andere Wahl, als in höchster Eile vom Polizeipräsidium am Alexanderplatz nach Kaulsdorf/Süd, nach Hause, zu fahren, die nötigsten Dinge einzupacken und gleich wieder zum Grenzübergang Friedrichstraße zu hasten. Aber ich schaffte es, obwohl der Sonnabend in der DDR noch Arbeitstag war und der Weg allein mit den öffentlichen Verkehrsmitteln eineinviertel Stunde dauerte.

Dass ich so hektisch aufbrechen musste, hatte mich nicht einmal sonderlich gestört. Was zählte, war die Aussicht, Torsten bald wieder bei uns zu haben. Das Personal im Kaiserin Auguste Victoria Haus im Westend war natürlich überrascht und hatte mit mir nicht gerechnet. Nach dem Gewerkschaftsmotto der fünfziger Jahre „Samstags gehört Vati mir!“ war im Westen der Tag längst arbeitsfrei. So konnte sich dort niemand vorstellen, ich könnte ausgerechnet an einem Sonnabend einen Passierschein erhalten, um meinen Sohn abzuholen. Ein Anruf wäre ohnehin zwecklos gewesen, es gab damals nur handvermittelte Telefonleitungen zwischen Ost- und West-Berlin und keine direkten wie später in den siebziger Jahren. Selbst ein Telegramm wäre kaum vor mir da gewesen.

Natürlich war auch die Verwaltung nicht besetzt, so gab es weit und breit keinen Menschen, der mir die Entlassungspapiere hätte geben können. Noch schlimmer: die Ärzte hatten Torsten noch nicht auf die neue Kost umgestellt. Das Krankenhaus wollte nach der langen Zeit künstlicher Ernährung kein Risiko eingehen. Auch auf sein seelisches Gleichgewicht war Rücksicht zu nehmen. Vielleicht war ich Torsten fremd geworden. „Er kennt Sie doch noch gar nicht als Mutter!", gab mir der Dienst habende Arzt zu bedenken. Das überzeugte mich. Da war er schon wieder, mein Konflikt mit den Behörden.

Mein Passierschein galt nur bis Mitternacht. Es war bald zwei, mir blieben gerade noch zehn Stunden. Sollte ausgerechnet ich den Ärzten, die bemüht waren, jedes Risiko von Torsten fernzuhalten, in den Rücken fallen? Nach allem, was der Junge schon durchgemacht hatte? Was sollte ich tun? Ich wollte mich aber auch nicht erneut mit der DDR-Bürokratie anlegen. Klinikleiter Loeschke schlug mir vor, erst einmal einige Tage in Torstens gewohnter Umgebung an seiner Seite zu bleiben, damit er sich langsam an mich gewöhnen könne. Das erschien mir als beste Lösung, auch wenn ich nun wieder die Regeln der DDR missachtete. Mögliche Folgen waren mir jetzt ziemlich gleichgültig. Die Hauptsache war, wieder bei meinem Kind zu sein, seinen Atem zu spüren, seine Stimme zu hören und mich an seinem Anblick zu erfreuen. Das bedeutete mir alles auf der Welt.

Behutsam stellten die Ärzte Torsten auf eine feste Nahrung um. Er durfte nur Püriertes essen; Obst, Gemüse, Kartoffeln, Fleisch oder Schokolade mussten erst im Mixer zerkleinert werden. Der kleinste Krümel im vernarbten Teil der Speiseröhre bereitete ihm starke Schluckbeschwerden. Außerdem konnte er nur kleine Portionen essen, streng nach einer Kalorientabelle zusammengestellt. Die Diätköchin und das Pflegepersonal brachten mir in drei Tagen die richtige Zusammenstellung seines Essens nach Kalorien bei. Bananen, Vollmilchschokolade und Kalbfleisch hat

Torsten am besten vertragen, Bananen gab es - wenn überhaupt - nur zur Weihnachtszeit. Kalbfleisch konnte der DDR-Normalbürger kaum erstehen; am ehesten gab es noch Schokolade. Die Ärzte bestanden darauf, dass die Versorgung vor allem mit diesen Lebensmitteln vor der Rückkehr in die DDR gesichert war. Ich telefonierte deshalb von West-Berlin aus mit einem Obermedizinalrat im Gesundheitsministerium: von West nach Ost funktionierte das Telefonieren von Fall zu Fall; damals noch mit Handvermittlung und längerer Wartezeit, und ich habe lange gewartet. Aber es hat sich gelohnt. Tatsächlich sagte mir der Mann eine Ausnahme zu. Ich war zuversichtlich, dass die Zusage eingehalten wird. Torstens Heimkehr stand nun nichts mehr im Wege, fünf Tage seit meiner „Einreise" nach West-Berlin war es soweit, unser Sohn durfte mit mir nach Hause fahren.

Das geschah mit einem Aufwand, der ein wenig an einen Staatsbesuch erinnerte: freie Bahn für unseren Torsten! Wir durften sein noch labiles Immunsystem nicht unnötigen Gefahren aussetzen und mussten öffentliche Verkehrsmittel meiden. Ein Krankenwagen brachte uns stattdessen zur Grenze. Um sicherzustellen, dass der kleine Patient auch baldmöglichst sein Ziel erreichte und wir nicht in einem Stau hängen blieben, leitete uns ein Hubschrauber störungsfrei zum Übergang Chausseestraße. Für Torsten hieß es dort erst einmal Abschied nehmen von vertrauten Menschen, darunter von seiner Lieblingskrankenschwester Lieselotte.

Der Krankenwagen mit den West-Berliner Begleitern durfte nicht in den Osten hinein, an der Grenze mussten wir in eine Ost-Berliner Ambulanz umsteigen. Hartmut, der aufgeregte Vater, hatte schon seit Stunden gewartet. Auch heftigster Widerspruch der Grenzsoldaten vermochte ihn nicht daran zu hindern, die gesperrte Zone zu betreten, um nach Jahren der Trennung seinen Sohn in die Arme schließen zu können. Ein Foto, das er davon gemacht hat, zeigt Torsten mit Schwester Lieselotte. Sie sah ihren kleinen Patienten vorerst für längere Zeit zum letzten Mal. Wie ein eigener Sohn war er ihr ans Herz gewachsen. Da fiel es ihr besonders schwer, ihn nun wieder hergeben zu müssen. So oft der Schichtdienst es zuließ, hat sie ihn besucht.

Der bewegende Abschied an der Grenze bekam aber einen schalen Beigeschmack, weil ein Grenzsoldat versuchte Hartmut die Kamera zu entreißen. Im Grenzgebiet war Fotografieren streng verboten, der Fotograf aber fest entschlossen, seine Beute zu verteidigen. Sein energisches Auftreten - mit ausgefahrenem Ellenbogen und fester Stimme verschaffte sich mein Mann Respekt - verblüffte den ein solches Verhalten nicht gewohnten Grenzer; er ließ von seinem Vorhaben ab. Die Trophäe haben wir sorgsam gehütet, sie ging uns dann leider doch verloren. Sicherlich war die Aufnahme eine Rarität. Wer sonst hätte es schon gewagt, ausgerechnet am Grenzbollwerk der DDR mit seinem einschüchternden Schilderwald das Verbot zu missachten?

Umstellungsschwierigkeiten

Endlich ist Torsten zu Hause. Aber die Umgebung ist ihm fremd, er findet sich in unserer Wohnung nicht zurecht. Er vermisst ihm vertraute Menschen, die Ärzte und Krankenschwestern. Obwohl wir, womöglich in übertriebener elterlicher Fürsorge, nichts unversucht lassen, um ihm nahe zu kommen, bleibt er misstrauisch und verschlossen; für ihn sind wir Fremde. Nicht einmal das „Du" bringt er über die Lippen: „Mutter, würden Sie so freundlich sein, mir ein Butterbrot zu machen. Ich habe Hunger." Oder: „Vater, würden Sie mich bitte auf den Stuhl setzen. Ich schaffe es nicht allein." Alles in mir schnürt sich zusammen. Wir müssen das Miteinander erst lernen, um sein Vertrauen zu gewinnen, versuche ich mich zu trösten. Torstens Misstrauen schwindet nur langsam. Erst als wir ihm die frohe Botschaft bringen, er werde bald ein Schwesterchen bekommen, ist er wie verändert. Im Krankenhaus war er mit Kindern zusammen, die auch Geschwister hatten. Anfang September 1965 erblickt Ute das Licht der Welt. Torsten wird zum glücklichsten Jungen unter der Sonne. Alle Sorgen, alle Nöte, alle Spannungen sind verflogen. Plötzlich ist er das Kind, das wir uns so lange gewünscht haben.

Torsten wieder zu Hause

Torstens mit Schwester Ute

Nur seine Ernährung macht uns weiter Sorgen. Aber was ist das schon im Vergleich zu den vergangenen Wochen? Torsten war jetzt wirklich bei uns angekommen. Und, besonders wichtig, die Behörden haben ihre Zusage eingehalten: Wir können die Bananen und das Kalbfleisch auf Rezept beziehen. Zwei Kilo Bananen pro Woche erhalte ich regelmäßig im Keller unter der alten Markthalle am Alexanderplatz, ein Kilo Kalbfleisch in der Küche des Berolina-Hotels. Es ist immer ein langer Weg von Kaulsdorf ins Zentrum und zurück. Monat für Monat muss ich mir das Rezept neu ausstellen lassen, ein Dauerrezept bekommen wir nicht. Immerhin konnten wir mit den Bananen auch Ute und die 1966 geborene Frauke gleich mit „durchfüttern".

Aus Torsten wird allmählich ein lebhafter kleiner Junge, der unter seinen Schwestern geradezu aufblüht. Für sie ist er der „große" Bruder, von ihm lernen sie Streiche und auch Rad fahren; er ist ihr „Beschützer", wenn die Eltern abends ausgehen. Glücklicherweise macht er auch gesundheitlich solche Fortschritte, dass er mit sieben Jahren eingeschult werden kann, obwohl er im Vergleich zu anderen Kindern zart und klein ist.

Allerdings besucht er zunächst wegen seiner körperlichen Beeinträchtigungen eine Sonderschule für Körperbehinderte. Torsten belastet das sehr. Er kann sich dort einfach nicht einleben und will unbedingt weg: Schließlich ist er geistig normal entwickelt. Selbst die Zuwendung der Lehrer, der Sonderpädagogen, deren Liebling er war, ändert daran nichts. Im Gegenteil, Bevorzugung passt ihm schon gar nicht. Außerdem beklagt er sich über ständige Unterbrechungen des Unterrichts. Die Schüler erhalten ihre physiotherapeutischen Einzelbehandlungen während der Schulstunden. So herrscht dort ein dauerndes Kommen und Gehen, die Klassen gleichen eher einem Taubenschlag.

Schulalltag

Aber auch außerhalb des Unterrichts war der Schüleralltag mit mancherlei Unwägbarkeiten beschwert. Besonders machte den Kindern - alle waren „Fahrschüler" - der Schulweg zu schaffen. Ihr Tag - und der ihrer Eltern - war unnötig lang, weil der Sammeltransport per Bus oder Taxi ein einziges Ärgernis war. Um mitgenommen zu werden, mussten sich die Kinder schon um sechs Uhr am Straßenrand aufstellen, wussten aber nie, wann sie abgeholt werden. Jeder Fahrer hatte seine Route. So betrug die Wartezeit bis zu anderthalb Stunden, selbst bei eisiger Kälte. Konnten die Kinder gleich einsteigen, war es nicht viel besser: Denn dann wurden sie zumeist anderthalb Stunden sinnlos durch Berlin gefahren. Gefürchtet waren auch die Heimfahrten im Hochsommer. Der Bus, der bis zur Rückfahrt am Nachmittag in der prallen Sonne geschmort hatte, glich einem Brutofen. Kein Wunder, dass so mancher schlapp machte oder mit einem Sonnenstich zu Hause ankam. Für die Kinder eine Tortur. Torsten mit seinem verengten Brustkorb war natürlich gesundheitlich besonders gefährdet und zog sich prompt eine schwere bronchiale Asthma-Allergie zu.

Auch machte ihm Bewegungsmangel zu schaffen. Das lag jedoch an der Schulordnung, war sozusagen amtlich angewiesen. Sie bestimmte, dass alle Schüler auf ihren Plätzen sitzen bleiben mussten, sogar während der Pausen. Man hatte offenbar Angst, behinderte Schüler könnten sich beim Herumtollen verletzen. Das ewige Stillsitzen war für Torsten eine Strafe. Bewegung hatte er nur noch während der physiologischen Behandlungen.

Um ihm den Alltag etwas zu erleichtern, betrieben wir nun mit Nachdruck seine Umschulung in eine normale Grundschule bei uns in Kaulsdorf, POS genannt, Polytechnische Oberschule. Das war nicht einfach. Natürlich bedurfte es wieder des DDR-notorischen Antrags sowie eines ärztlichen Gutachtens, das dann noch einer „Ärztekommission" vorzulegen war. Das Gutachten über das Gutachten war für die „Lehrerkommission" bestimmt, die das letzte Wort hatte. Die Prozedur erforderte viel Geduld, zumal die Kommissionen nur einmal im Vierteljahr zusammentraten. Es konnte viel Zeit verstreichen, bis endlich ein Bescheid erging. Bei Torsten geschah das nach einem dreiviertel Jahr. Von da an hatte er einen viel kürzeren Schulweg und fühlte sich auch in der Schule wohl.

Dennoch überschattete seine sehr labile Gesundheit weiterhin die Schulzeit. Nicht selten musste er wochenlang, manchmal monatelang, ins Krankenhaus. Der Grund waren „Sekundärschädigungen", die wiederholt Operationen an der Wirbelsäule erforderten. Mit dem Wachstum hatte sich an Torstens Rücken auch eine Wirbelsäulenverkrümmung gebildet. Zudem litt er unter Lähmungen der Beine, hinzu kam schließlich Bronchial-Asthma. Anfangs wurde er noch in der Kinderklinik der Charité behandelt, doch 1972 musste er ins „Oskar-Helene-Heim" in West-Berlin verlegt werden. Diesmal ging das allerdings ziemlich reibungslos über die Bühne. Es war auch etwas einfacher, ihn zu besuchen, natürlich nicht gemeinsam und schon gar nicht mit Frauke und Ute. Immer musste ein Teil der Familie als „Geisel" in der DDR zurückbleiben. Einmal in der Woche durfte ein Elternteil zu ihm fahren, an Operationstagen war ein weiterer Besuch erlaubt. Frauke und Ute richteten ihn in dieser schwierigen Zeit mit ihren Briefen auf und malten Bilder.

Torsten im Oskar-Helene-Heim: Besuch der Mutter

Torsten schaffte 1977 mit der 10. Klasse seinen Schulabschluss und genauso problemlos absolvierte er seine Ausbildung zum Facharbeiter für Elektronik. Auf den Gebieten Computertechnik und Musikelektronik, seinen Steckenpferden, hat er sein Wissen ständig erweitert. Für so manche Computerfreaks, Musiker und Musikgruppen war er schon zu DDR-Zeiten ein gefragter Experte.

Ute kam 1972 und Frauke ein Jahr später zur Schule. Von Beginn an besuchten sie die Christenlehre, den außerhalb der Schule von der Evangelischen Kirche angebotenen Religionsunterricht. Sie gehörten zu den wenigen Schulanfängern, die noch daran teilnahmen. Beide mussten sich deshalb oft böse Bemerkungen von Mitschülern und Lehrern gefallen lassen.

Kostprobe in Fraukes Klasse kurz nach der Einschulung: Die Klassenlehrerin will wissen: „Wer von Euch glaubt denn an Gott?" Als sich Frauke und drei Mitschüler melden, sollen sie aufstehen. Mit einem nach oben gerichteten Blick sagt die Lehrerin: „Da oben gibt es keinen Gott, da fliegt nur einer herum und das ist Juri Gagarin". Gagarin war im April 1961 der erste Mensch im Weltraum, ein Russe. Trotz der Anfeindungen ließen sich die Mädchen ihre Freude an der Christenlehre nicht nehmen.

Weil meine Töchter zur Christenlehre gingen, wollten sie nicht von Anfang an der DDR-Kinderorganisation „Junge Pioniere" (JP) beitreten. Das hatte natürlich Folgen. So wurde Ute von Klassenfeiern ausgeschlossen, an denen Schulanfänger so gerne teilnehmen. Faschingsfeste waren ihr verwehrt, weil sie angeblich nur für „Pioniere" waren. Ein Mitschüler hat Frauke sogar mehrere Male tätlich angegriffen. Sein Vater war Parteifunktionär und Lektor des Dietz-Verlages, des SED-Verlages. Beschwerden über sein Verhalten hatten für den Jungen keine Folgen, im Gegenteil, die Lehrer sagten, Frauke habe sich das selbst zuzuschreiben. Wie so oft in der DDR war auch hier das Opfer selber schuld.

Nur unter großem Druck wurden beide Mädchen später Mitglieder der staatlichen Jugendorganisation FDJ. In unserer Familie war die „Begeisterung" für die FDJ so groß, dass alle drei Kinder mit einem einzigen Blauhemd auskamen, dem Uniformhemd des Jugendverbandes. Kein Kind trug es gern. Einmal in der Woche war FDJ-Nachmittag. Dann begann die „Hemdpflicht" schon morgens in der Schule. Der Physiklehrer verlangte von Frauke jedes Mal eine Erklärung, warum sie nicht das Blauhemd anhatte. Jede Woche dieselbe Frage, ob sie ihr „Bewusstsein in der Tasche oder zu Hause gelassen hat". Vor der Klasse musste sie die politische Strafpredigt stehend über sich ergehen lassen. Die DDR war doch gar nicht so schlimm.

Die täglichen Anfeindungen konnten aber die Leistungen unserer Kinder nicht schmälern. Ihre Noten waren trotz allem immer gut bis sehr gut. Als es allerdings um den Besuch der Erweiterten Oberschule (EOS) - das heutige Gymnasium - ging, wollte die Schulleitung der POS Ute diesen Weg verbauen. Sie war zwar Klassenbeste, dennoch fiel die „Wahl" auf eine andere Schülerin mit weniger guten Leistungen. Deren politische Einstellung stimmte eben. Erst als ich mich beschwerte und „Eingaben" an die Schulleitung schrieb, fand Ute mit der 9. Klasse die verdiente Aufnahme in die EOS „Immanuel Kant" in Berlin-Lichtenberg. Auch Frauke war die Beste ihrer Klasse und wollte die zum Abitur führende EOS besuchen. Inzwischen gab es neue Bestimmungen. Schüler vom Jahrgang 1966 an mussten bis zur 10. Klasse an der POS bleiben. Seitdem begann die EOS erst mit der 11. Klasse. Anders als Ute wurde Frauke direkt zur 11. Klasse der EOS „delegiert". Dieses Mal wollte man wohl Ärger mit uns vermeiden.

In den siebziger Jahren unternahmen wir die letzten Versuche, mit der ganzen Familie nach dem Recht der DDR - also im damaligen Sprachgebrauch „legal" - auszureisen und in den Westen überzusiedeln. Dreimal - aber immer vergeblich - stellten wir einen „Ausreiseantrag". Rechtsanwalt Dr. Vogel ließ Hartmut knapp - ohne Gründe zu nennen - wissen: „Sie kommen hier nicht raus!" Er deutete an, die Familie könne ohne ihn, ohne den Bootskonstrukteur Rührdanz, ausreisen. Darauf wollte ich mich aber nicht einlassen. Eine neuerliche Trennung - sozusagen auch noch „freiwillig" - kam für mich nicht in Frage. Ich habe abgelehnt. Die 18 Monate Haft ohne meinen Mann hatten ihre Spuren hinterlassen.

Unser Leben führten wir jetzt mit den uns staatlich verordneten Einschränkungen. Jeder versuchte auf seine Weise beruflich das Beste für sich herauszuholen, ohne politisch aktiv zu sein. Ich war nicht einmal in der Einheitsgewerkschaft, dem FDGB, organisiert. Mein Mann lehnte die Zugehörigkeit zur Betriebskampfgruppe strikt ab. Kollegen machten deshalb oft zynische Bemerkungen. Das hat uns eher aufgebaut als dass wir uns ärgerten. Die Kampfgruppe war eine Art Arbeitermiliz, die auch zum Mauerbau 1961 eingesetzt worden war, und die alle fünf Jahre zum 13. August ihre Stärke und ihre Gefolgschaftstreue auf dem Alexanderplatz in Berlin zu demonstrieren hatte (Kampflied: „Wir im August - selbstbewusst ...").

Unseren Kindern wollten wir ein Vorbild sein: wir überredeten sie nicht zu politischem Engagement. Viele Eltern taten das ihren Kindern an, weil sie ihnen den Weg zu einer besseren Zukunft ebnen wollten. Unsere Kinder wurden konfirmiert. Sie erwarben sich ein kritisches Weltbild und wandten sich mehr und mehr der kirchlichen Friedensbewegung zu. Auf ihre Kleidung nähten sie sich das kirchliche Emblem „Schwerter zu Pflugscharen". Bei jeder sich bietenden Gelegenheit gingen sie mit brennenden Kerzen auf die Straße, um auf ihre Weise für politische Veränderungen einzutreten. Den Unterricht in Geschichte und Staatsbürgerkunde - Fächer, in denen ihnen vor allem die DDR-Ideologie beigebracht werden sollte - ließen sie nicht einfach widerspruchslos über sich ergehen. Oft lösten ihre Fragen heftige Kontroversen aus, nicht gerade zur Freude der Lehrer.

Utes Klassenlehrerin urteilte einmal - abgezeichnet vom Direktor - in einem Gutachten für die Bewerbung auf einen Studienplatz: „Beim Einordnen und Werten der aktuell-politischen Situation zeigten sich häufig Positionen z.B. zu Fragen der Wehrbereitschaft, die zum Teil im Widerspruch zu vermittelten weltanschaulichen Kenntnissen stehen". Wegen dieser Beurteilung verweigerte man Ute drei Jahre lang die Zulassung zum Studium. Um die Zeit zu überbrücken - denn die Hoffnung auf ein Studium gab sie niemals auf - arbeitete sie als Tierpflegerin im Tierpark Berlin und ließ sich danach in einer Baumschule zur Gärtnerin ausbilden.

Eigentlich wollte Ute Veterinärmedizin studieren, aber gleich zwei Bewerbungen wurden abgelehnt. Weil es ihr mit dem Biologiestudium nicht anders erging, entschied sie sich Ende der achtziger Jahre für ein Theologiestudium am Sprachenkonvikt in Berlin - einer kirchlichen Hochschule.

Frauke und Ute Rührdanz

Darauf hatte der Staat keinen Einfluss. Dort fand sie Kontakt zu anderen Friedensaktivisten, die sich immer stärker zu Wort meldeten. Auch Frauke durfte nach dem Abitur nicht ihr Wunschfach „Industrielle Formgestaltung" studieren. Sie musste erst ein Jahr „in der Produktion" arbeiten und entschied sich für den Kunststoffbootsbau beim VEB Yachtwerft Berlin. Um nicht weiter auf eine - ungewisse - Zulassung in Berlin warten zu müssen, studierte sie Schiffstechnik an der Universität Rostock.

Bis zum Ende der DDR blieben Ute und Frauke der Friedensbewegung verbunden. Auch ich interessierte mich mehr und mehr dafür. Der „Grenzfall" gehörte zu unserer häuslichen Lektüre. Die konspirativ hektografierte Untergrundzeitschrift wurde nur mit äußerster Vorsicht an Gleichgesinnte verteilt. Am 24. November 1987 rückte die Stasi in einer Nacht- und Nebelaktion in die Umweltbibliothek ein, die in der Zionskirche beheimatet war. Dort vermutete sie die Druckerei des „Grenzfalls". Einige Akteure wurden festgenommen, Druckmaschinen und Kopierer beschlagnahmt, doch Exemplare des „Grenzfalls" fand die Stasi dort nicht. Schnell sprach sich die harte Gangart des Staates herum. Die Friedensbewegten organisierten Mahnwachen vor der Zionskirche, auch unsere Töchter waren dabei. Tatsächlich kamen die Inhaftierten schon bald wieder frei. Das ermutigte uns, auf diesem Wege weiterzumachen und uns den Friedensdemonstrationen anzuschließen. Vielen Menschen ging es so. Immer mehr drängte es dahin, vor allem zu den Demonstrationen in Leipzig, Berlin und der ganzen DDR. Hunderttausende demonstrierende Menschen brachen die Mauer schließlich auf.

Am Vorabend des 7. Oktober 1989, dem 40. Jahrestag der DDR, hatte sich auch Ute unter die „Gorbi help"-Rufer gemischt, denn natürlich war der mächtigste Mann der Sowjetunion, Michail Gorbatschow, zu den Feierlichkeiten nach Ost-Berlin gekommen. Sein Pressesprecher berichtete an diesem Tag auf einer Pressekonferenz von Gorbatschows Gesprächen mit der SED-Spitze: Dessen Mahnung, die Zeichen der Zeit nicht zu übersehen, übersetzte er mit dem sprichwörtlich gewordenen Satz „Wer zu spät kommt, den bestraft das Leben". Ich selbst habe mich übrigens oft mit brennender Kerze den Demonstranten angeschlossen, weil ich nicht nur von außen mit ansehen wollte, wie das Volk für bessere Verhältnisse auf die Straßen ging. Auch ich wollte meinen bescheidenen Beitrag leisten.

Die Mauer fällt

Am 9. November 1989, dem Tag, als die Mauer fiel, war Ute natürlich mitten drin im Geschehen. Die kirchliche Hochschule in der Borsigstraße lag nicht weit von der Mauer entfernt. Vor Freude tanzte Ute bereits um Mitternacht mitten in der Invalidenstraße in West-Berlin. Viele freudetrunkene Menschen haben schon in dieser „Stunde Null" die Mauer am Brandenburger Tor erklommen. Eine tanzende Menschenkette auf dem düstersten Monument der Stadt. Die Freude kannte keine Grenzen. Wer es selbst erlebt hat, wird es nie vergessen. Wir genießen unsere Freiheit, die wir uns selbst mit erkämpft haben. Das ist auch die Freiheit der Kinder, ihr Studium ohne politischen Druck, ohne Zwang und ohne Bevormundung fortzusetzen. An den Rhein, den bis dahin um Lichtjahre entfernten Rhein, zu meiner Schwester! Nur einen Tag nach dem Mauerfall beschloss ich, sie zu „überfallen" und das Grab unserer Mutter zu besuchen.

Nach dem 9. November 1989: Mauer nahe Brandenburger Tor

Spontan, am Wochenende, keine langwierige Antragstellung, einfach so gen Westen. Niemals seit 40 Jahren habe ich mich auf einer Reise so frei gefühlt. Ich war beschwingt, hätte am liebsten die ganze Welt umarmt.

Und dann Italien! Dorthin „floss" mein erstes West- und Begrüßungsgeld, das „wir aus dem Osten" nach dem Mauerfall erhielten - 100 Deutsche Mark. Ich habe es gut angelegt für eine Frühlingsreise in den Süden. Es wurde eine unvergessliche Busfahrt durch wunderschöne Landschaften, zum Gardasee, nach Verona, Venedig - mit seinem Charme und seinen Reizen. Aber auch Wehmut beschlich mich: ich dachte an die vielen Zumutungen, jahrelangen Einengungen und Entbehrungen.

Nun ist die Mauer weg. Die Wunden sind vernarbt. Doch immer noch spukt das menschenverachtende Gebilde in meinen Träumen. Es waren zu viele schreckliche Erlebnisse, die ich nicht vergessen kann und nicht vergessen will. Dazu haben Mauer und Stacheldraht zu viel Unheil über einen großen Teil der Menschen in Deutschland gebracht. 1990: Endlich! Das Leben - in Freiheit - ist wieder schön und spannend. Täglich ereignen sich neue Dinge. Das Versorgungsangebot bessert sich mit jedem Tag, besonders bei den vielen „tausend kleinen Dingen", von denen zu SED-Zeiten immer mal das eine oder andre fehlte. Das Berufsleben verändert sich, bald bekommen wir neues Geld. Die Aussicht auf die Wiedervereinigung eröffnet Perspektiven für die Zukunft.

Wir schmieden nie für möglich gehaltene Reisepläne; es ist als könnten wir nach den Sternen greifen. Später bin ich fast besessen davon, Geschichten von Leidensgefährten über Unterdrückung, Freiheitsberaubung und Repressalien in der DDR zu hören. Kaum eine Veranstaltung lasse ich aus und bin überrascht, wie viele gequälte Seelen „der Sozialismus in den Farben der DDR" hervorgebracht hat. Es sind wunderbare Begegnungen mit Menschen, die Ähnliches wie ich durchgemacht haben. Ich treffe Menschen aus gemeinsamer Haft, die - anders als wir - in den Westen entlassen wurden und lerne manchen Tunnelbauer kennen. Besonders bewegend war natürlich die Begegnung mit dem Journalisten und Historiker Karl Wilhelm Fricke. Ich traf ihn am Rande einer Veranstaltung des Bundesbeauftragten für die Stasiunterlagen im Gebäude des früheren DDR-Innenministeriums in der Glinkastraße in Berlin-Mitte.

Düstere Erinnerungen lassen sich schwer verdrängen, Erinnerungen an die fehlende Anklageschrift vor dem Prozess, an die seltsamen Anschuldigungen, an das Urteil, die vier Jahre Haft, von denen ich 18 Monate abgesessen habe; Erinnerungen daran, dass mir das Urteil nicht ausgehändigt wurde, kein Entlassungsschein, als sich mir plötzlich die Gefängnistore in Berlin-Rummelsburg öffneten. Im Januar 1990, auf Spurensuche, wende ich mich an das Bezirksgericht Rostock, um endlich meine Gerichtsakten einzusehen. Im Februar, 27 Jahre nach dem Urteil, erhalte ich erstmals die Gelegenheit. Kopien der Anklageschrift und des Urteils sind nicht dabei. Erst ein halbes Jahr später schickt mir das Bezirksgericht das Urteil. „Papierknappheit" soll der Grund für die Verzögerung gewesen sein. Ganz so, als wäre die Zeit stehen geblieben. Im August 1990 haben sie immer noch gelogen! Es sollte weitere zwei Jahre dauern - längst waren wir in der Bundesrepublik Deutschland vereint - bis es das Landgericht Rostock schafft, die Anklageschrift auf den Postweg zu geben. Inzwischen bin ich lange rehabilitiert.

1991 wurde die Behörde des Bundesbeauftragten für die Stasiunterlagen eingerichtet. Jeder kann seitdem über ihn geführte Akten einsehen. Endlich kamen viele böse Repressionen ans Tageslicht. Mein Sohn und ich gehörten zu den ersten Antragstellern. Torsten musste nicht lange warten. Was da zu lesen war, hat uns doch erschreckt. Auch er war bespitzelt worden, Torsten - ein „Operativvorgang", sein Spitzel sogar ein Prominenter, der bekannte Moderator des DDR-Rundfunks Lutz Bertram, der sich für seine Morgensendung den Titel „Frühstücksdirektor" zugelegt hatte und der den in der „Branche" offenbar beliebten Decknamen „Romeo" hatte.

Die Stasi wollte Torsten sogar anwerben, um ihn auf die eigene Familie anzusetzen. Als Invalidenrentner durfte er zu DDR-Zeiten in den Westen reisen und brachte Musikgruppen wie „Silly" und „Possenspiele" Elektronik mit. Dabei bekam er gelegentlich Schwierigkeiten mit dem Zoll. Aber auf einen Anwerbungsversuch verzichtete die Stasi doch. Am 17. Juni 1985 notieren die Offiziere Misch und Martin - sie führten auch „Romeo" - über „den Bürger der DDR Rührdanz, Torsten": „Aufgrund des Persönlichkeitsbildes des Rührdanz und der Verletzung der Zoll- u. Devisenbestimmungen erscheint eine positive Nutzung nicht möglich und zweckmäßig."

Deutschen Demokratischen Republik

Hauptabteilung VI
Abteilung 1

Berlin, 17.6.85

KOPIE

<u>Abschlußbericht</u>

Der Bürger der DDR

Rührdanz, Torsten

geb. 27.01.61 Berlin

wohnh. 1138 Berlin, Ulmenstr. 113

wurde durch eine Information der Zollverwaltung der DDR bekannt. Diese Information zufolge ist Rührdanz Invalidenrentner und reist häufig nach Westberlin bzw. in die BRD. Er unterhält umfangreiche Verbindungen zu Mitgliedern von Musikgruppen. Unter Mißachtung von Zoll- u. Devisenbestimmungen der DDR führt er hochwertige Geräte der Unterhaltungselektronik in die DDR ein und veräußert diese u.a. an Musikgruppen.

Aufgrund des Persönlichkeitsbildes des Rührdanz und der Verletzung der Zoll- u. Devisenbestimmungen erscheint eine positive Nutzung nicht möglich und zweckmäßig.

Das vorhandene Material wird in der Abt. XII des MfS zur Ablage gebracht.

[illegible], Ultn.

Aus der Stasi-Akte Torsten Rührdanz

Luft

VII. Spurensuche

Akteneinsicht I

Am 2. August 1994 war es endlich soweit. Ich konnte meine Stasiakte einsehen. Lange musste ich darum kämpfen. Immer wieder hat man mich hingehalten: Einmal waren die Unterlagen angeblich bei der Staatsanwaltschaft in Schwerin, dann in Rostock oder - wie es dort hieß - „längst wieder in Berlin“. So ging das hin und her, bis die sechs dicken Aktenordner mir schließlich doch noch vorgelegt wurden. Was ich zu sehen bekam, hat mich erstaunt und erschreckt. Den staatlichen Beschattern ist kaum einer unserer Schritte entgangen. Wann wir wen wie lange und warum getroffen haben, alles akribisch registriert, seit 1960 waren wir in ihrem Visier, also schon vor der Geburt unseres Sohnes. Vernehmungsprotokolle sind bergeweise vorhanden, auch der „Beschluss“ zu meiner konspirativen Festnahme fehlt nicht.

Walter Thräne

3. Juni 1993. Das Mauermuseum am „Checkpoint Charly“ lädt ein: „Nr. 595 lebt! - Der letzte große Entführungsfall des MfS“. Der Mann mit der Nummer 595 ist Walter Thräne. Jahrelang galt er als tot. Nun sitzt er vor uns, der 1962 in den Westen übergelaufene MfS-Hauptmann. Ein Mann, der die gnadenlose Rache der Spitzen des Ministeriums zu spüren bekam. Markus Wolf, damals Stasi-General und Chef der „Hauptabteilung Aufklärung“, der DDR-Auslandsspionage, hat Thräne und seine Freundin schon vier Wochen nach ihrer gemeinsamen Flucht aus Österreich entführen lassen. Ihn erwartete ein hartes Los: 15 Jahre Zuchthaus. Das war das „Urteil“ in einem Geheimprozess im Panzerwerk Neubrandenburg, zehneinhalb Jahre verbüßt er in völliger Isolation in Hohenschönhausen. Quälend auch die ständigen Drohungen: als Abtrünniger erwarte ihn der Tod, ein Genickschuss in Leipzig oder das Fallbeil in Dresden.

Walter Thräne liest aus seinem Manuskript „Nach der Nacht ein Morgen...“, Erinnerungen an Zelle 103 des Stasigefängnisses. Plötzlich, wie ein Blitz, zuckt es mir durch den Kopf: Könnte das Walter sein, der unsichtbare Klopfgefährte auf der anderen Seite der Zellenwand? Mein Zellennachbar, der mir durch unsere „Klopfgespräche" auch Kraft zum Überleben gegeben hat? Beklemmende Erinnerungen an 1963 werden wach.

Ich zögere. Soll ich ihn fragen? Ich muss es wissen. Seine Gegenfrage nach der Frau aus Kaulsdorf-Süd, deren Mann zur selben Zeit inhaftiert war, beseitigt alle Zweifel: „Lie" und „Joe", so unsere damaligen Pseudonyme, sind sich wieder begegnet. Wir konnten unsere Aufregung kaum verbergen. Nach dreißig Jahren haben „Lie" und „Joe" ein Gesicht bekommen. Bis zum frühen Morgen haben wir Erinnerungen ausgetauscht.

Walter Thräne erzählt Details seiner grauenvollen Haft. Währenddessen hatten seine Eltern ihn für tot gehalten, zehn Jahre lang, seit 1962, weil die Stasi es so wollte. Sie hatte die Todesnachricht über die Presse lanciert, Zweifel waren für die Eltern also ausgeschlossen. Als „Joe" 1972 aus dem Gefängnis entlassen wird, ist er nicht wirklich frei, nicht einmal im Sinne der kleinen Freiheit, wie sie in der DDR gelebt wurde. Die Stasi versteckt „ihren Toten" konspirativ in Eisenhüttenstadt. Thräne muss unter falschem Namen im Stahlwerk arbeiten. Erst nach dem Mauerfall im Dezember 1989 erhält er seine Identität zurück, weil Freunde nach dem Verschollenen suchen und ihn schließlich finden. Thräne brauchte lange, bis er soweit gefestigt war, um mit seinem Schicksal an die Öffentlichkeit gehen zu können.

Hohenschönhausen und mein Trauma

Ende 1992 werde ich zu einer Anhörung im Deutschen Bundestag gebeten. Die Enquete-Kommission des Parlaments zu den Folgen der DDR-Diktatur beschäftigt sich mit Fällen des DDR-Unrechts. Nach anfänglichem Zögern berichte ich dort von unserem Fall. Zu meinem Alltag gehört - unmittelbar nach den Ereignissen von 1989 kaum vorstellbar - seit Jahren wieder ausgerechnet das ehemalige Stasigefängnis Hohenschönhausen. Für mich ist die heutige Gedenkstätte der Ort, an dem ich dazu beitragen möchte, die Erinnerung an leidvoll erlebte Geschichte zu bewahren. Als Zeitzeugin und Opfer führe ich Besucher durch eine finstere Stätte ungehemmten Machtmissbrauchs, des Missbrauchs gegenüber

Stasi-Gefängnis Hohenschönhausen

Sigrid Paul (2. v. r.) führt Besucher durch die Gedenkstätte

Menschen, die ihrer Würde und Menschenrechte beraubt werden sollten. Der Entschluss, diese Tätigkeit zu übernehmen, fiel mir nicht leicht. Ich folgte damit einer Bitte des Berliner Senats.

Auch wenn ich dort gern arbeite, es war die Rückkehr an einen Ort, der für mich ein Trauma war. Es ist mir wichtig, gerade die jüngere Generation über das Unrecht in der DDR aufzuklären. Das ist mein Beitrag gegen das Vergessen und gegen das bequeme „Es ist doch alles schon so lange her". Die DDR war wirklich so schlimm. Die Arbeit in der Gedenkstätte hat mir auch geholfen, mein Trauma zu überwinden. Heute kann ich gelassener damit umgehen und schlafe viel besser als zu DDR-Zeiten.

Mit Beginn meines Ruhestands - ich war gerade 60 - begann dieser neue Abschnitt meines Lebens. Davor war ich zehn Jahre Sozialarbeiterin. Die Feinmotorik meiner Hände hatte die Arbeit als Zahntechnikerin nach 33 Jahren nicht mehr zugelassen. Seit 1994 informiere ich Besucher der Gedenkstätte über das ehemalige Stasigefängnis. Dabei begegnen mir viele interessante Menschen, darunter immer wieder solche aus der DDR mit ebenfalls schweren Schicksalen. Das Interesse daran ebbt nicht ab, wie die Besucherzahlen von 175.000 im Jahre 2006 zeigen, 20.000 mehr als im Jahr davor.

Die Besucher kommen aus den verschiedensten Gründen. Jüngere interessieren sich vor allem für die Stasi-DDR-Vergangenheit, die mittlere Generation möchte eigene Erinnerungen wach rufen. Ältere wollen einen zusammenhängenden Überblick über das erhalten, was sich nach dem Zweiten Weltkrieg im geteilten Deutschland abgespielt hat. So sind die Führungen und Gespräche immer auch ein Austausch von Erfahrungen und Geschichtswissen. Manchmal ist die Betroffenheit so groß, dass trotz aller Bemühungen kein Gespräch möglich ist.

Anna Funder, eine Australierin, hat in ihrer Dokumentation über die DDR - neben vielen anderen - meine Geschichte verarbeitet. Ihr Buch „Stasiland" wurde 2002 im englischen Sprachraum ein Bestseller. Dafür erhielt sie 2004 in London den Samuel-Johnson-Preis, die höchste Auszeichnung für ein Sachbuch.

Nina Toussant und Massimo Jeanetta drehten im Februar 2002 in Hohenschönhausen den TV-Film „Zersetzung der Seele". Darin erzählen Hartmut Richter und ich unsere Erlebnisse hinter Gefängnismauern. Als

Jugendlicher war Richter nach dem Mauerbau durch den Teltowkanal in den Westen geschwommen. In den siebziger Jahren wird er Fluchthelfer und holt 33 Leute in seinem Wagen nach West-Berlin. Als er seine Schwester im Kofferraum über die Grenze bringen will, werden beide verhaftet. Die DDR-Justiz verurteilt ihn zu 15 Jahren Zuchthaus, von denen er bis zum Freikauf fünfeinhalb Jahre in Potsdam, Berlin und Bautzen eingesperrt war. Die Schwester erhielt dreieinhalb Jahre. Der Film wurde auf vielen Dokumentarfilmfestivals und im Fernsehen gezeigt und besonders im Ausland mit wichtigen Preisen bedacht.

Aber auch dies ist Wirklichkeit: Das Buch „Die Sicherheit - Zur Abwehrarbeit des MfS" haben zwanzig Stasioffiziere geschrieben. „Die DDR war gar nicht schlimm" wäre der passende Titel dafür. Ein Pamphlet der Verharmlosung und Geschichtsklitterung. Als „oberster Friedensengel" tritt Siegfried Rataizik auf, ehemals Leiter des Stasiknastes in Hohenschönhausen, dessen Schilderungen mit denen der Häftlinge kaum etwas gemein haben.

Bei der Präsentation des Buches im April 2002 in Berlin möchte ich das in aller Öffentlichkeit klar stellen. Doch meine Fragen lässt Rataizik einfach von sich abprallen. Er schweigt. Im Saal breitet sich Unruhe aus. Die meisten Zuhörer, Hofschranzen der früheren Stasileute, scharren mit den Füßen und rufen: „Wo kommste denn her?" - „Wer hat dich geschickt?" - „Von wem wirste bezahlt?" - „Halt's Maul!" Am liebsten wäre es ihnen gewesen, ich hätte keine weiteren Fragen gestellt und schnellstens den Saal verlassen. Ich blieb davon unbeeindruckt: Meine unsichtbare Mauer, die mich schon in der Haft vor ihnen schützte, funktioniert immer noch. So geheimnisumwittert sie sich früher gaben, nun drängt es sie in die Öffentlichkeit. Die einstigen Stasileute wittern jede Gelegenheit, die sich ihnen bieten könnte, um ihre Vergangenheit zu verklären.

Akteneinsicht II

Ende der neunziger Jahre fanden die Mitarbeiter der Stasiaktenbehörde neues Spitzelmaterial über mich. Zum ersten Mal sah ich - 39 Jahre nach dem „Kidnapping" - meinen „Haftbefehl". Unterschrieben hat das Papier ein Haftrichter Krautter, ohne Angabe von Ort, Datum und Zeit, also blanko. Das legt die Schlussfolgerung nahe, dass der Haftbefehl nachträg-

Regierung der
Deutschen Demokratischen Republik
Ministerium des Innern
Staatssekretariat für Staatssicherheit

000008

GVS

Bezirksverwaltung MfS

Abtlg./Kreisdienststelle HA V/5

Berlin, den 04.03.1963 ~~195~~

Haftbeschluß

~~Der~~/Die

Name: R ü h r d a n z geb. Paul

Vorname: Sigrid

Geburtstag und -ort: 14.03.34 in Dommitsch/Elbe

Beruf: Zahntechnikerin

Familienstand: verheiratet

Wohnungsanschrift: Berlin-Kaulsdorf-Süd Ulmenstraße 113

ist aus den unten angeführten Gründen in Haft zu nehmen.

KOPIE BStU

Gründe der Inhaftierung:

Die R. hatte Kenntnis, daß ihr Ehemann als Verbindungsmann einer WB-Schleuserorganisation tätig war und beteiligte sich aktiv an der Vorbereitung der Schleusung dritter Personen.

Festgen. 28.2.63
HA VIII

Der Mitarbeiter: Müller Ltr.
(Unterschrift)

Der Leiter der Abteilung/Kreisdienststelle: i.V. Beu
(Unterschrift)

Bestätigt: 4. III. 63 Mielke
(Datum) (Unterschrift)

„Haftbeschluss" mit Unterschrift von Stasiminister Erich Mielke

lich „produziert“ und sozusagen in die Akten gemogelt wurde. Besonders auffällig ist ein „Haftbeschluss“ mit der Unterschrift des Ministers für Staatssicherheit Erich Mielke, mit Ort und Datum: Berlin, den 4. März 1963. Da bin ich bereits den fünften Tag in der Gewalt der Stasi. Kein Zweifel, die Haft lag allein in der Verantwortung des MfS, ein unabhängiger Richter war ganz offenkundig nicht damit befasst, der Haftrichter nur ein Stasi-Handlanger. Freilich überrascht das nicht allzu sehr. Der stets um ihr Renommee besorgten DDR ging es immer nur darum, den Schein des Rechtsstaates nach westlichem Standard zu wahren.[21]

Akteneinsicht III

Im Dezember 2004 habe ich das letzte Mal meine Akten aufgeschlagen. 80 Seiten sind hinzugekommen, darunter vor allem Verhörprotokolle und Aktennotizen aus dem Jahre 1963 im Rostocker Gefängnis. Es ist schon erstaunlich, was die Stasileute so alles geschrieben, gesammelt und aufbewahrt haben. Zu meiner Freude entdeckte ich zwei Gedichte, die ich in Rostock verfasst habe, notiert auf einem Papierfetzen, dem Rest eines Zuckersacks in der Gefängnisküche. Eines Tages waren sie plötzlich aus der Zelle verschwunden. Ich war maßlos enttäuscht, sie hatten mir so viel bedeutet, mir Kraft und Trost gegeben, um in dieser Einöde die Verzweiflung zu besiegen, um zu überleben.

Stasi und Poesie

In meinem Gefühl der Hoffnungslosigkeit wurde ich - fünf Wochen nach dem Urteil - auch noch zum Anstaltsleiter befohlen. Natürlich versuchte ich zu erklären, warum ich die Gedichte geschrieben hatte. Bei „Wiederholung von Abfassung derartiger Verse“ wurde mir Einzelhaft angedroht. Ich wusste, ich bin ihnen ausgeliefert. An das Deutsch in den Stasi-Aktennotizen muss man sich erst gewöhnen.

[21] Anhang Enteignungen und Recht in SBZ und DDR, S. 166.

UHA MfS Rostock *Rostock, den 23.9.1963*

Aktennotiz

Betr. Strafgefangene R ü h r d a n z, Sigrid

Am 21.9.1963 wurde beim Rapport, durch den Wachleiter bekannt, dass bei einer Kontrolle der Zelle 224 -1 in dieser ein Zettel mit einem Gedicht gefunden wurde. Der Inhalt dieses Gedichtes richtet sich in abfälliger Weise gegen unsere Wachposten. Desweiteren wurde in der Waschküche, in einer Kitteltasche, ebenfalls ein Zettel mit einem Gedicht gefunden.

Eine Überprüfung ergab, dass diese Verse von der jetzigen Strafgefangenen Rührdanz (Schwärzung durch BStU) verfasst wurden.

Am 23.9.1963 führte der stellvertretende Abteilungsleiter mit der Strafgefangenen R. eine Aussprache durch, in deren Verlauf sie nach dem Sinn und Zweck der Verse befragt wurde.

Sie versuchte die abfällige Weise der Verse abzuschwächen indem sie angab, daß sie diese nicht in böswilliger Absicht geschrieben hätte sondern aus ehrlichem Empfinden heraus, was jedoch nicht glaubwürdig erscheint.

Der Strafgefangenen R. wurde durch den stellvertretenden Abteilungsleiter zur Kenntnis gegeben, dass bei Wiederholung von Abfassung derartiger Verse, sie von der Vergünstigung des Arbeitens ausgeschlossen und in Einzelhaft verlegt wird.

Die Strafgefangene zeigte wohl ein reuemütiges Verhalten, jedoch ist sie weiterhin streng zu kontrollieren. Die weiblichen Wachposten wurden dementsprechend angewiesen.

Leiter der U-Haftanstalt
i.V. Neise, Hptm

Wächter

Junger Wächter, was mühst du dich so
ein böses Gesicht zu machen?
Ich weiß es doch - irgendwo
steckt auch in dir das Lachen.

Ich weiß dich vor meiner Zellentür steh'n,
du stehst für mich Tag und Nacht.
Selbst als ich schlief, hast du nach mir
geseh'n,
noch nie hat mich jemand so treu bewacht.

Jeden Tag bringst du mir pünktlich das Essen.
Und wünscht du mir auch nicht „Guten
Appetit",
so hast du mich doch noch nie vergessen
und nimmst meinen Blechnapf brav wieder
mit.

Du hast den Schlüssel zu meiner Tür -
Gehst wie ein Schatten hinter mir her -
Bist furchtbar streng - doch du kannst nichts
dafür,
diese Rolle fällt dir so schwer.

Armer Wächter! Du wirst dich noch müh'n
ein böses Gesicht zu machen,
da wird mir schon der Frühling blühen
und ich werde längst wieder lachen.

Kein Frühling

Du bist durch den Frühling gegangen –
vielleicht war es Mai?
Die ersten Drosseln sangen
dir Lieder dabei.
Knospende Zweige neigten
sich dir hin,
Halme am Wegrand zeigten
dir ihr Grün.
Ein Falter, trunken vor Wonne –
noch flügelschwer
taumelte in der Sonne
vor dir her.
Hast du das alles geseh'n
damals im Mai?
Oder blicktest du achtlos im Gehen
daran vorbei?
Glaub mir, viel schneller als du gedacht,
über Nacht,
bist du des Frühlings, an den du geglaubt,
beraubt.
Hinter blindem Fenster kannst du ihn wähnen,
dich sehnen –
wirst ihn nicht leben, wirst ihn träumen
versäumen.
Drum, gehst du ein nächstes Mal wieder hin
durch den Mai
Und die Drosseln singen dir Lieder
wieder dabei,
freu dich an ihrem Gesang
hör hin!
Und sieh auch die Blumen am Weg entlang
die blühen.

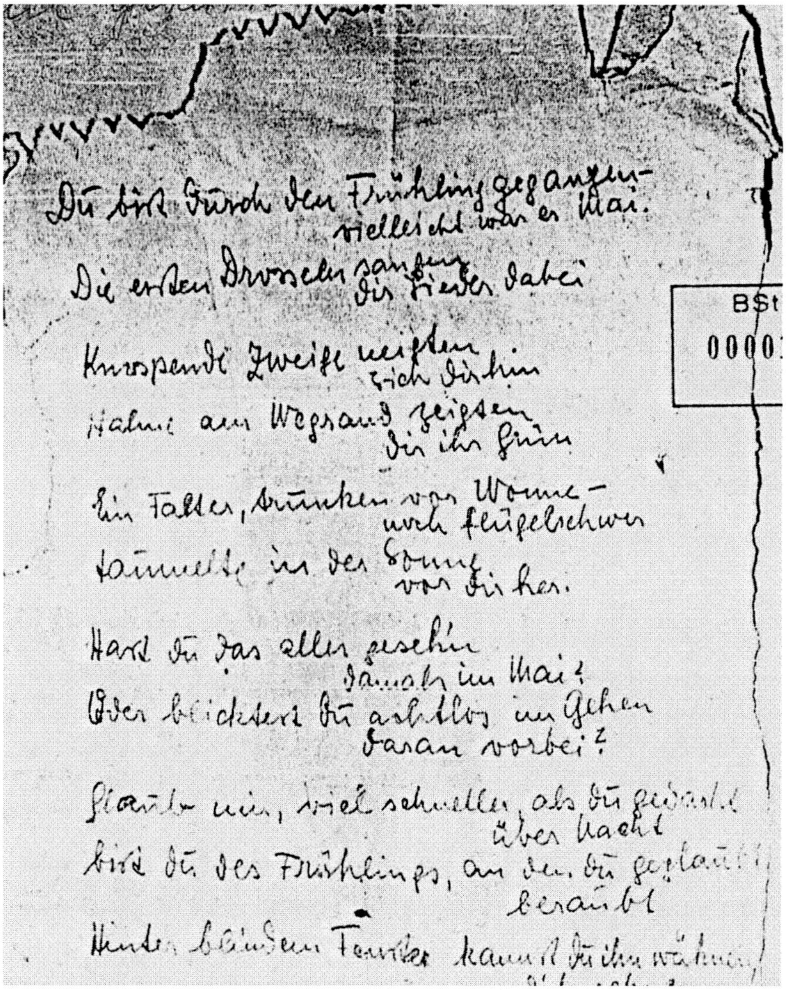

Du bist durch den Frühling gegangen –
vielleicht war es Mai.
Die ersten Drosseln sangen
die Lieder dabei
Knospende Zweige neigten
sich dir hin
Halme am Wegrand zeigten
dir ihr Grün
Ein Falter, trunken von Wonne –
noch flügelschwer
taumelte in der Sonne
vor dir her.
Hast du das alles gesehn
damals im Mai?
Oder blicktest du achtlos im Gehen
daran vorbei?
Glaube mir, viel schneller, als du gedacht
über Nacht
bist du des Frühlings, an den du geglaubt,
beraubt
Hinter blinden Fenstern kannst du ihn wähnen

Gedicht auf Fetzen eines Zuckersacks

Unter dem Verlust meiner schönsten Jahreszeit habe ich am meisten gelitten. Seit der Entlassung genieße ich den Frühling intensiver als jemals zuvor, die unbeschreibliche Vielfalt der Natur.

Drum: gehst auch Du ein nächstes Mal wieder durch den Mai, hör hin! Schau hin! Und sieh auch die Blumen am Weg entlang, die blühen.

VIII. Anhang

Stasigefängnis: Ein „weißer Fleck" im Stadtplan

Um Hohenschönhausen machte die DDR ein großes Geheimnis. Das „feindliche Ausland", um dessen Anerkennung man bemüht war, durfte es nicht wissen, nicht die „Bürger der DDR" und jene der sogenannten Hauptstadt der DDR, die in enger Nachbarschaft mit dem Gefängnis leben mussten. Sie sollten keine Vorstellung davon haben, mit welchen Mitteln der Staat mit politisch missliebigen Oppositionellen abgerechnet hat. Nicht einmal die Betroffenen, die Inhaftierten wussten, wo sie gefangen gehalten wurden.

Das zentrale Untersuchungsgefängnis des Ministeriums für Staatssicherheit (MfS) in Hohenschönhausen war ein „weißer Fleck" auf dem Ost-Berliner Stadtplan. Sogar Straßen, die es seit 1910 gab, suchte man vergebens. Innerhalb des weiträumigen Sperrgebiets lag neben den Wirtschafts- und Zellentrakten auch das berüchtigte geheime Arbeitslager X für männliche Gefangene. Die Außenmauer des Gefängnisses war mit elektrischem Stacheldraht gesichert, an der Mauer entlang wachten Schäferhunde in einem Hundelauf. Betreten werden durfte die Anlage nur mit einer vom MfS erteilten Sondergenehmigung. Nicht einmal Anwälte der Weggeschlossenen sind jemals in der Gefängnisfestung gewesen. Zu Begegnungen mit ihnen oder Angehörigen brachte man die Häftlinge in das Gefängnis Rummelsburg, in den dunklen Zellen unscheinbarer grauer Transportfahrzeuge.

Geheimniskrämerei war das alltägliche Instrumentarium der Einschüchterung. Dazu passte es auch, dass auf dem Stasigelände in Hohenschönhausen das staatliche konspirative Gewerbe nur so blühte. Dort wurden fließbandmäßig Briefsendungen kontrolliert und die dazu erforderlichen Gerätschaften auch gleich entwickelt und produziert. Abseits vom eigentlichen „Kerngeschäft" beherbergte die Anstalt außerdem die größte Fälscherwerkstatt Europas. Die Stasi fälschte, was es nur zu fälschen gab und wovon vor allem die Mitarbeiter des Auslandsgeheimdienstes der DDR profitierten: Geburtsurkunden, Heiratsurkunden, Mietverträge, Diplomarbeiten, Pässe, Visa und Devisen.

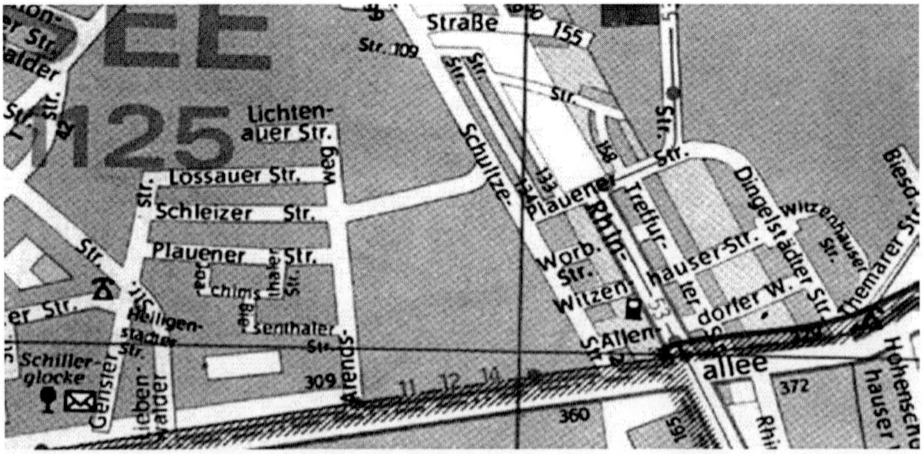

Stasigefängnis unsichtbar: MfS lässt die Genslerstraße Höhe Lössauer Straße im „Nichts" enden

Die andere Seite von Hohenschönhausen war die Inhaftierung von Gefangenen unter menschenunwürdigen Zuständen. In bunkerartigen, überwiegend fensterlosen Zellen, in die allenfalls durch Glasbausteine mattes Licht gelangte und die sich kaum belüften ließen, wurden die Häftlinge in völliger Isolation gehalten. Im gefürchteten U-Boot im Kellertrakt des Altbaus mit seinen Dunkelzellen verlor sich das Gefühl von Zeit und Raum. Schlimmer als der quälend eintönige Alltag waren nur noch die zermürbenden Vernehmungen. Dafür hatte die Stasi in dem zum Ende der fünfziger Jahre errichteten Erweiterungsbau mit seinen 102 Zellen auch gleich 120 Vernehmerräume einrichten lassen.

Die ersten Eingesperrten von Hohenschönhausen waren während des zweiten Weltkriegs Kriegsgefangene und Zwangsarbeiter. Im Juni 1945 folgte mit dem Speziallager Nr. 3 ein Internierungslager der Sowjets für politisch Belastete. Zu den Inhaftierten gehörten viele unschuldige alte Menschen, Frauen, Jugendliche und Schüler. Etliche Gefangene haben die katastrophalen Haftbedingungen nicht überlebt. Unter den massiven Protesten der benachbarten Bevölkerung lösten die Sowjets das Lager 1946 auf. Zahlreiche Menschen wurden in die ehemaligen Konzentrationslager Buchenwald und Sachsenhausen verlegt, andere nach Workuta in Sibirien verschleppt. Bis zur Übergabe an das MfS der DDR im Jahr 1951 unterhielt der sowjetische Geheimdienst NKWD Zellen in den Kellerräumen.

Enteignungen und Recht in SBZ und DDR

Die neuen Machthaber der SBZ/DDR bauten eine neue Gesellschaftsordnung nach dem Vorbild der Sowjetunion auf, die Privateigentum weitgehend nicht mehr zuließ. Die Verstaatlichung der Betriebe wurde in großem Tempo vorangetrieben, zu den wirtschaftlichen Umwälzungen gehörten die Bodenreform und die Überführung der Konzerne und anderer Betriebe in sogenanntes Volkseigentum. Im Potsdamer Abkommen waren sich die Alliierten noch einig, Konzerne und Großbetriebe zu zerschlagen, aber in den Westzonen stießen jegliche „sozialistische Experimente" schon bald auf Ablehnung. Dass Nazi-Verbrecher zu bestrafen waren, auch mit der Herausgabe ihres Vermögens büßen sollten, erschien damals leicht vermittelbar. Doch je lukrativer ein betroffenes Wirtschaftsunternehmen war, desto wahrscheinlicher war es, dass dessen Inhaber, auch wenn er eher ein Nazi-„Mitläufer" war, als „erheblich belastet" angesehen wurde. Bei Vermögenslosen wirkten sich derart leichte Verstrickungen nur geringfügig aus.[21]

Eine wichtige Rolle spielte das Recht als „Instrument des Gestaltungswillens der SED". Das Bemühen, Verbrechen in der NS-Zeit zu ahnden, ließ sich vom Willen, Macht durchzusetzen und zu sichern, nicht mehr trennen.[22] Die Enteignungsverfahren waren in die Wiedergutmachungspropaganda eingebunden. Angeblich wollte man die Juden für das bei den sogenannten Arisierungen erlittene Unrecht entschädigen. Tatsächlich gab es aber nur noch das Ziel, gesellschaftliches Vermögen anzuhäufen. Die Juden gingen leer aus.[23]

Wie im Fall Paul stützten sich Verfahren meist auf den Befehl Nr. 201 der Sowjetischen Militär-Administration in Deutschland (SMAD) in Zusammenhang mit der Kontrollratsdirektive 38, die Menschenrechtsverletzungen ahnden sollte. Hier zeigte sich bald das wahre Gesicht einer sowjetisch geprägten Justiz; sie kämpfte zunächst auch mit personellen

[21] Vgl. Braun/Werkentin: Zeitgeschichtliches Gutachten zu den Methoden und Verfahrensweisen der verdeckten Enteignung selbständiger Produzenten, Gewerbetreibender, Bauern und Grundstücks-/Hauseigentümer in den Anfangsjahren der SBZ/DDR, S. 31, München Berlin 1998.

[22] Vgl. ebd. S. 54.

[23] Vgl. ebd S. 44, 53.

Schwierigkeiten. In Thüringen versuchten viele „bürgerliche“ Juristen „alter Schule“, sich der Mitwirkung an den 201er-Verfahren zu entziehen. Es grassierte die „201er-Krankheit”,[24] wie es so schön hieß.

SMAD-Vertreter drängten immer wieder auf Entlassung der Richter, weil sie nicht die nötige Härte zeigten. Der Befehl 201 räumte der Polizei erhebliche Befugnisse gegen als politisch unzuverlässig geltende Juristen ein. Sie konterkarierte die Arbeit der Juristen regelrecht. Ohne Kenntnis der Staatsanwaltschaft blieben Betroffene wochenlang in Haft. Häufig setzte sich die Polizei über abgelehnte richterliche Haftbefehle hinweg.[25]

Weil die SED den herkömmlichen Juristen misstraute, versuchte sie über Zentrale Kontrollkommissionen und Landeskontrollkommissionen die Verfahren zu beeinflussen. Zudem ersetzte die Partei mehr und mehr „bürgerliche“ Juristen durch sogenannte „Volksrichter“, Richter und Staatsanwälte der neuen Generation: „fachlich unzureichend geschult, aber ideologisch besonders indoktriniert.“ [26] Drohten Zeugenaussagen einen von der Partei erwarteten Prozessausgang zu gefährden, lehnten Gerichte die Beweisanträge einfach ab. Für Braun/Werkentin ist auch das Paul-Verfahren ein Beispiel, wie das „Recht auf unbehinderte Verteidigung massiv außer Kraft gesetzt wurde“. Denn gerade die Ehefrau eines betroffenen jüdischen Miteigentümers der Deutschen Tonwarenfabrik wäre als Zeugin zu dem Arisierungsvorwurf unverzichtbar gewesen.[27]

Nach dem Gutachten Braun/Werkentin lässt sich das Paul-Verfahren in eine Flut von Prozessen gegen die Privatwirtschaft einordnen, die im Frühjahr 1948 dem ausgelaufenen „Instrument der Sequestrierung“ folgte. Die Verfahren stützten sich auf ein neues Wirtschaftsstrafrecht und sollten „auf halbem Wege“ gescheiterte Enteignungen durchsetzen.[28]

Nach dem Vorbild großer Schauprozesse war auch das eher unbedeutende Paul-Verfahren von einigem propagandistischen Aufwand begleitet. So sollte etwa die „Betriebsresolution“ (Februar 1950) den angeblichen Willen der Belegschaft beweisen, die Familie Paul zu enteignen und den

[24] Vgl. Braun/Werkentin S. 29/30.
[25] Petra Weber, Rechtsstaat Thüringen? Neuaufbau und Instrumentalisierung der Justiz in Thüringen nach 1945. (vollst. S. 185).
[26] Vgl. Braun/Werkentin S. 52.
[27] Ebd. S. 51.
[28] Ebd. S. 47.

Betrieb zu verstaatlichen.[29] Offensichtlich war die sprachlich und inhaltlich standardisierte Resolution aber „das Produkt einer von Parteiseite gelenkten Initiative.“ [30] Ganz anders dagegen klingt die spontane Erklärung des Betriebsrats vom Oktober 1945, die echte Solidarität mit dem verschleppten Firmenchef Hermann Paul zu zeigen scheint.[31]

„Organisierende Kraft“ waren in den Schauprozessen die Zentralen Kontrollkommissionen (ZKK) und Landeskontrollkommissionen (LKK).[32] Im Paul-Verfahren strebte die LKK eine Überprüfung des Revisionsurteils mit dem Ziel einer Kassation an. Grund: „die Nichteinziehung des Hausgrundstückes sei nicht gerechtfertigt gewesen.“ Auch hier wird deutlich, dass es der Kontrollbehörde auf eine größtmögliche Vermehrung des Staatsvermögens ankam.[33]

Das politische Strafrecht der DDR war - damals schon deutlich - ein einziges Täuschungsmanöver. Für Schuller ist „eines der Charakteristika der Form des politischen Strafrechts der DDR ihre Kaschierungsfunktion“ [34] Diese These sehen Braun/Werkentin auch im DDR-Wirtschaftsstrafrecht bestätigt. Nach außen sollte die Rückkehr zu den Standards europäischer Rechtskultur vorgetäuscht werden; Beispiel dafür ist auch die DDR-Verfassung des Jahres 1949 mit ihrem Katalog traditioneller Grundrechte.[35] Deutlicher dagegen sehen sie Brüche mit historisch gewachsenen verfahrensrechtlichen Sicherungen zu Gunsten von Beschuldigten, wie sie in einfachen Gesetzen formuliert sind. Bei der Rechtsanwendung seien traditionelle juristische Begriffe mit neuem Bedeutungsinhalt versehen und sogar „contra legem” - gegen den Wortlaut des Gesetzes - ausgelegt worden.[36] Aber bei der sprachlichen Verschleierung war es nicht geblieben. Hinzu kam die „Verschleierung realer Sachverhalte durch Geheimhaltungspraktiken, durch Tatbestandsfälschungen in Urteilen oder durch deren Nichtaushändigung.“ [37]

zba.BUCH

[29] Dokument Anhang S. 171
[30] Braun/Werkentin S. 48.
[31] Dokument Anhang S. 170.
[32] Braun/Werkentin S. 49.
[33] Vgl. ebd. S. 51.
[34] Wolfgang Schuller, Das Konspirative im öffentlichen Handel der DDR, S. 346 (vollst. S 185).
[35] Braun/Werkentin S. 4.
[36] Schuller, Geschichte und Struktur des politischen Strafrechts der DDR bis 1968, Ebelsbach 1980.
[37] Braun/Werkentin S. 4.

Zeittafel

1939	
1. September	Deutsches Reich überfällt Polen. Beginn des 2. Weltkriegs.
1945	
Februar	Konferenz von Jalta bestätigt Londoner Protokoll (12.9. 1944) und bezieht Frankreich ein: vier Besatzungszonen und vier Sektoren in Berlin werden endgültig festgelegt.
8. Mai	Bedingungslose Kapitulation des NS-Reiches.
1. Juli	Britische und US-Truppen ziehen sich nach den Vereinbarungen des Londoner Protokolls in die Zonen zurück und rücken in Berlin ein; Frankreich sechs Wochen später.
17. Juli - 2. August	Potsdamer Abkommen bestätigt Grenzen, besonders Oder-Neiße-Linie. Reparationen sollen aus der jeweiligen Zone entnommen werden.
1948	
20. März	Die Sowjetunion verlässt den Alliierten Kontrollrat, das während der Potsdamer Konferenz 1945 gebildete Gremium, das eine gemeinsame Politik für Deutschland als Ganzes finden sollte.
20. Juni	Währungsreform in den Westzonen: die DM löst die Reichsmark ab. Am 23. Juni wird die DM auch in den Westsektoren Berlins eingeführt.
24. Juni	Sowjetunion verhängt Blockade über West-Berlin (bis Mai 1949). Einrichtung der Luftbrücke. Teilung Deutschlands ist vollzogen.
1949	
	Erste Todesopfer an der Grenze durch Deutschland. Fünf Menschen werden erschossen.
25. Mai	Inkrafttreten des Grundgesetzes.
7. Oktober	Gründung der DDR als „Arbeiter- und Bauernstaat".
1952	
26. Mai	Integration des Weststaats in westliche Staatengemeinschaft; Generalvertrag mit mehreren Staaten Westeuropas. DDR richtet Sperr- und Kontrollzonen ein; siedelt 8.000 als „politisch unzuverlässig" geltende Menschen dort um; 3.000 fliehen in die Bundesrepublik. In Berlin werden Grenzübergänge zur DDR geschlossen; Sektorengrenze bleibt offen.

1953

Januar — DDR kappt Bus- und Straßenbahnlinien gen Westen.

16.-17. Juni — In Ost-Berlins Stalinallee (Karl Marx-Allee) beginnt am 16. Juni ein Streik der Bauarbeiter; er wächst sich zum Volksaufstand in der DDR aus. Tags darauf schlagen ihn sowjetische Truppen gewaltsam nieder.Zehntausende fliehen.

1957

11. Dezember — Illegales Verlassen der DDR wird als „Republikflucht" unter Strafe gestellt. Höchststrafe: drei Jahre Gefängnis.

1958

10. November — KPdSU-Generalsekretärs Nikita Chruschtschow fordert „Freie Stadt" West-Berlin (entmilitarisiert und neutral); Westmächte reagieren nicht.

1961

28.-29. März — Warschauer Pakt erörtert in Moskau - ohne nennenswerte Gegenstimmen - auch eine Abriegelung Ost-Berlins. SED-Generalsekretär Walter Ulbrich beauftragt daraufhin Erich Honecker, Vorbereitungen für den Mauerbau zu treffen.

15. Juni — Ulbricht benutzt erstmals öffentlich das Wort „Mauer" auf einer Pressekonferenz. Zur Frage der Berliner Korrespondentin der „Frankfurter Rundschau" (FR) Annamarie Doherr, wie die DDR mit dem Flüchtlingsstrom umgehen wolle, sagt er: „Niemand hat die Absicht, eine Mauer zu bauen!"

25. Juli — US-Präsident John F. Kennedy bekräftigt die vom NATO-Rat im Frühjahr festgelegten „drei Grundfreiheiten" - („three essentials"): Anwesenheit der Westmächte in Berlin, freier Zugang durch die DDR, Sicherung der politischen Freiheit und Lebensfähigkeit West-Berlins. Der Ostsektor, der de jure unter alliierter Verwaltung stand, wird nicht erwähnt. In Richtung USA lässt Chruschtschow verlauten, er betrachte Kennedys Rede als eine Art Kriegserklärung.

11. August — DDR-Volkskammer ermächtigt den Ministerrat, alle Maßnahmen zu treffen, „die sich aufgrund der Festlegungen der Teilnehmerstaaten des Warschauer Vertrages als notwendig erweisen." Willy Brandt, Berlins Regierender Bürgermeister, wertet das tags darauf als „Ermächtigungsgesetz" für die SED. Immer mehr Flüchtlinge, täglich 3.000.

13. August — Am frühen Morgen rollen „Betriebskampfgruppen" Stacheldraht aus und riegeln die Sektorengrenze ab. Der S- und U-Bahn-Verkehr wird unterbrochen.

15. August	Erste Betonteile werden verbaut. Die Mauer entsteht als „Antifaschistischer Schutzwall“ (DDR-Propaganda).
18. August	Der Bundestag tritt zu einer Sondersitzung zusammen. Bundeskanzler Konrad Adenauer nennt den Mauerbau „eine beispiellose Bankrotterklärung“.
19. August	US-Vizepräsident Lyndon B. Johnson trifft in Berlin ein, nachdem eine US-Kampftruppe von 1.500 Mann über die Autobahn durch die DDR gefahren ist.
20. August	Am Grenzübergang Friedrichstraße (“Checkpoint Charlie“) stehen sich US- und Sowjetpanzer demonstrativ gegenüber.
22. August	Adenauer kommt in die Stadt und wird elf Tage nach dem Mauerbau kühl empfangen. Erstes Todesopfer an der Mauer: In der Bernauer Straße springt die 58-jährige Ida Siekmann aus dem 3. Stock. Die DDR lässt die nach West-Berlin liegende Hausfront zumauern.
24. August	Günter Litwin, 24, wird von DDR-Polizisten im Humboldthafen erschossen. Der Senat und die Westalliierten lehnen Ost-Berliner Passierscheinbüros ab.
26. August	Alliierte schließen Passierscheinbüros auf S-Bahnhöfen (unter Ostverwaltung). West-Berliner können nicht mehr in den Ostsektor.
20.September	DDR lässt Häuser direkt an der Grenze räumen.
12. Oktober	Der Journalist Kurt Lichtenstein (Westfälische Rundschau) wird bei Zicherie nahe Gifhorn während einer Reportagereise entlang des Stacheldrahts erschossen. Beim Versuch, mit Landarbeitern zu sprechen, hatte er die Grenzlinie um 20 Meter überschritten.
25. Oktober	Feindliche Konfrontation von US- und Sowjetpanzern an der Berliner Mauer.
1962	
23. Mai	Feuergefecht zwischen West-Berlins Polizei und DDR-Grenztruppen, ein DDR-Unteroffizier wird tödlich getroffen.
17. August	Der 18-jährige Bauarbeiter Peter Fechter wird beim Versuch, die Mauer nahe der Friedrichstraße zu überqueren, angeschossen. Er stirbt nach einer Stunde im Grenzstreifen, ohne dass DDR-Grenztruppen oder US-Militärpolizei ihn retten. Daraufhin Demonstrationen in West-Berlin, auch gegen US-Truppen.

24. Dezember	Erster Freikauf: Gegen drei Eisenbahnwaggons Kalidünger kommen 20 Häftlinge und 20 Kinder frei.
1963	
Ostern	Bundesrepublik und DDR einigen sich auf Freikauf politischer Häftlinge. Bis 1989 fast 34.000.
26. Juni	Kennedy in Berlin: „Ich bin als freier Mensch stolz darauf sagen zu können: Ich bin ein Berliner.“
17. Dezember	Erstes Passierscheinabkommen. Gilt vom 19.12. bis 5.1. 790.000 West-Berliner besuchen Ostteil der Stadt.
1964	
1. September	DDR verkündet Straffreiheit für alle, die vor dem 13. August 1961 die DDR illegal verließen.
24. September	2. Passierscheinabkommen.
2. November	Rentner dürfen einmal im Jahr ihre Verwandten im Westen für vier Wochen besuchen.
1. Dezember	Pflichtumtausch für DDR-Besucher aus dem Westen.
1965	
25. November	3. Passierscheinabkommen.
1966	
7. März	4. und vorerst letztes Passierscheinabkommen für Ostern und Pfingsten. Weitere Gespräche im Dezember scheitern. Passierscheinbüros bleiben für Härtefälle geöffnet.
1967	
20. Februar	DDR gibt gemeinsame Staatsbürgerschaft auf und dekretiert zwei Staatsvölker und eine „Bevölkerung“ in West-Berlin .
1968	
11. Juni	Pass- und Visumpflicht für Besuche in Ost-Berlin und DDR.
1. Juli	Strafgesetzbuch und Strafprozessordnung der DDR.
1970	
19. März	Treffen zwischen Willi Stoph, Vorsitzender des DDR-Ministerrats, und Bundeskanzler Willy Brandt in Erfurt. Die Menschen rufen: „Willy Brandt ans Fenster“.
21. Mai	2. Treffen Brandt-Stoph in Kassel: Beginn der innerdeutschen Entspannungspolitik.
Dezember	DDR installiert Selbstschussanlagen an der innerdeutschen Grenze.

1971	
3. September	Nach anderthalb Jahren Verhandlungen Vier-Mächte-Abkommen über Berlin. Danach mehrere deutsch-deutsche und deutsch-osteuropäische Verträge.
17. Dezember	Transitabkommen: Reisen von und nach Berlin-West erleichtert. Bonn zahlt verlangte Transitgebühren pauschal.
20. Dezember	Abkommen über Gebietsaustausch um Berlin (15,6 Hektar an die DDR; 17,1 Hektar an West-Berlin) und über Reisen von West-Berlinern in die DDR.
1972	
26. Mai	„Kleiner Grenzverkehr“ nach Verkehrsvertrag: 379 DDR-Grenzgemeinden werden zugänglich.
3. Juni	Unterzeichnung des Vier-Mächteabkommens über Berlin: Regelungen über Transit, Verkehr und Gebietsaustausch.
21. Dezember	Unterzeichnung des Grundlagenvertrags zwischen beiden deutschen Staaten. Bundesrepublik sichert Unverletzlichkeit der Grenze zu und erkennt DDR als souveränen Staat an; DDR sichert Lösung humanitärer Fragen zu. Journalistische Arbeit im jeweils anderen Staat vereinbart.
1973	
5. November	DDR verdoppelt Pflichtumtausch für DDR-Reisen.
1974	
3. Mai	SED-Generalsekretär Erich Honecker bekräftigt im Verteidigungsrat den Schießbefehl von 1961.
26. Oktober	DDR senkt Pflichtumtausch.
1976	
1. Mai	Der freigekaufte Michael Gartenschläger montiert im März und April nahe Büchen zwei Splitterminen ab und macht deren Funktionweise öffentlich. Beim dritten Versuch erschießt ihn eine Sondereinheit „Grenzaufklärer“.
5. August	DDR-Grenzsoldaten erschießen den Lastwagenfahrer Benito Corghi, Mitglied der KP Italiens. Er wollte seine Papiere holen, die er bei der DDR-Ausreise vergessen hatte.
22. Dezember	Nach einem Kommentar (in der DDR weiß „jedes Kind, dass die Grenztruppen den strikten Befehl haben auf Menschen wie auf Hasen zu schießen.“) wird ARD-Korrespondent Lothar Löwe ausgewiesen.
1978	
11. Januar	Schließung des Spiegel-Büros in Ost-Berlin.

1979

16. September	Zwei Thüringer Familien fliehen in einem Heißluftballon nach Bayern.

1980

9. Oktober	DDR erhöht Pflichtumtausch.

1981

11.-13. Dezember	Treffen Honecker-Schmidt am Werbellinsee und in Güstrow ist überschattet vom Kriegsrecht in Polen. Bundeskanzler Helmut Schmidt erreicht, dass DDR Anlässe zu Reisen in dringenden Familienangelegenheiten erweitert und Republikflüchtige" amnestiert.

1983

1. Juli	Bundesregierung gewährt DDR Milliardenkredit. Bedingung: weniger schikanöse Behandlung Transitreisender.
24. Juli	Honecker empfängt Bayerns Ministerpräsidenten Franz Josef Strauß (CSU), der den Milliardenkredit mit „eingefädelt" hatte
15. September	Berlins Regierender Bürgermeister Richard von Weizsäcker trifft in Ost-Berlin Honecker.
5. Oktober	Honecker kündigt Abschaffung der Minen an der Grenze an.

1985

11. März	Michail Gorbatschow wird Generalsekretär der KPdSU.

1986

9. Februar	DDR erweitert Reisemöglichkeiten ihrer Bürger.
13. August	25. Jahrestag des Mauerbaus: Honecker erklärt, der Mauerbau habe „den Weg von der Konfrontation zur Entspannung geebnet." Im Fensterkreuz einer vom Westen aus einsehbaren Ost-Berliner Wohnung kettet sich ein Vikar an.

1987

Januar	750-Jahr-Feiern in Berlin. Honecker hat nach eigenen - späteren - Angaben eine Empfehlung an Grenztruppen durchgesetzt, die Schusswaffe nur noch bei Angriffen auf „Leib und Leben" anzuwenden („Wir wollten uns nicht mehr stören lassen durch Schüsse an der Grenze.").
6.-9. Juni	Während eines Rockkonzerts vor dem Reichstag versammeln sich in Hörweite auch Tausende junger Ost-Berliner. Die DDR-Polizei greift ein. Jugendliche rufen: „Die Mauer muss weg" und „Gorbatschow".

12. Juni	US-Präsident Ronald Reagan fordert zur 750-Jahr-Feier am Brandenburger Tor: „Mr. Gorbatschow, öffnen Sie dieses Tor! Reißen Sie diese Mauer nieder!“
13. August	Sprechchöre gegen die Mauer auf der Ostseite des Brandenburger Tors. Mehrere Festnahmen.
1988	
12. Februar	Honecker empfängt Berlins Regierenden Bürgermeister Eberhard Diepgen. Danach Reiseerleichterungen für West-Berliner.
1989	
19. Januar	Honecker verteidigt seinen „Antifaschistischen Schutzwall“: „Er wird in fünfzig oder auch in hundert Jahren noch bestehen bleiben“, sollten „die Bedingungen nicht geändert werden, die zu seiner Errichtung geführt haben.“
5. Februar	Bei einem Fluchtversuch am Teltowkanal wird der Ost-Berliner Chris Gueffroy (20) erschossen. Er ist der letzte an der deutschen Grenze getötete Flüchtling. Honecker zu Baden-Württembergs Ministerpräsident Lothar Späth am Tag der Beerdigung: „An der Grenze ist es still.“
8. März	Winfried Freudenberg (32), letztes Opfer der deutschen Teilung, stürzt mit einem Heißluftballon über West-Berlin ab.
2. Mai	In Ungarn durchschneiden Grenzsoldaten den Stacheldraht.
10. Juni	Friedrich Schorlemmer, DDR-Bürgerrechtler und Pfarrer in Wittenberger sagt in „FR“- Interview zur Mauer: „Beton platzt von innen, fällt auf einmal zusammen.“
8. -12. Juni	Zum Kirchentag in West-Berlin dürfen 374 von ostdeutschen Landeskirchen benannte Christen an einem Tag fahren.
12. September	Ungarn öffnet Grenzen: DDR-Bürger können ausreisen.
Ende September	Mehrere Bürgerrechtsgruppen konstituieren sich: Neues Forum, Demokratie jetzt, Demokratischer Aufbruch.
30. September	DDR-Flüchtlinge, darunter viele junge Leute mit Kindern, in der bundesdeutschen Botschaft in Prag erhalten ihre Ausreise - über die DDR. Honecker-Kommentar in ADN-Meldung: „Sie alle haben die moralischen Werte mit Füßen getreten und sich selbst aus der Gesellschaft ausgegrenzt. Man sollte ihnen keine Träne nachweinen.“
Erste Oktoberwoche	Nachdem die ersten Züge mit den Botschaftsflüchtlingen von Prag über Dresden in die Bundesrepublik fahren, kommt es dort zu Massendremonstrationen.
4. Oktober	CSSR lässt DDR-Bürger in den Westen ausreisen. DDR führt Visumzwang für CSSR ein.

6.-7. Oktober	Demonstrationen während Feiern zum 40. DDR-Jahrestag gewaltsam aufgelöst. Zahlreiche Verhaftungen.
7. Oktober	„Wer zu spät kommt, den bestraft das Leben." Das Gorbatschow zugeschriebene Zitat ist eine - freie - Übersetzung seines Sprechers Gerassimow, mit der er mahnende Worte Gorbatschows an die DDR-Spitze wiedergab. Wiederbegründung der SPD als SDP.
9. Oktober	Zehntausende demonstrieren in Leipzig. („Wir sind das Volk.")
11. Oktober	In einer Erklärung des Politbüros wird Bedauern über das Weggehen der DDR-Bürger geäußert. Vgl. 30.September.
18. Oktober	Honecker als Parteichef abgelöst. Nachfolger: Egon Krenz.
4. November	Großdemonstration in Berlin (Ost) - eine Million Menschen.
9. November	Politbüromitglied Günter Schabowski verkündet auf Pressekonferenz die Öffnung der Mauer: „Privatreisen nach dem Ausland können ohne Vorliegen von Voraussetzungen - Reiseanlässe oder Verwandtschaftsverhältnisse - beantragt werden. Die Genehmigungen werden kurzfristig erteilt." Auf Nachfrage sagte er: „Sofort, unverzüglich." In der Nacht machen sich Zehntausende auf den Weg. Am Brandenburger Tor erklettern die Menschen die Mauerkrone.
11. November	DDR öffnet weitere Grenzübergänge.
13. November	Sperrgebiete an Mauer und Stacheldraht aufgehoben.
18. Dezember	Bundeskanzler Helmut Kohl fährt nach Dresden.

1990

18. März	Erste freie DDR-Wahl: Ergebnis (%): Allianz für Deutschland (CDU, DSU, DA) 47,9: SPD 21,9; PDS 16,3; FDP 5,3; Bündnis 90 2,9. DDR-Regierung aus Allianz, SPD und FDP unter Lothar de Maizière (CDU).
3. Oktober	Beitritt der DDR zur Bundesrepublik.

1992

20. Januar	Urteil im ersten Mauerschützenprozess um die Todesschüsse auf Chris Gueffroy gegen vier Grenzsoldaten vor dem Landgericht Berlin.
12. November	Prozessbeginn vor dem Landgericht Berlin wegen der Mauertoten gegen Mitglieder des DDR-Verteidigungsrats: Erich Honecker, Willi Stoph, Erich Mielke, Heinz Keßler, Fritz Streletz und Hans Albrecht.

1993

26. Oktober	Urteil gegen Mielke wegen Mordes an Polizisten 1931 am Berliner Bülowplatz (Rosa-Luxemburg-Platz): sechs Jahre Haft.

1994

29. Mai	Honecker, seit 13. Januar 1993 in Chile, stirbt in Santiago de Chile.
26. Juli	Der Bundesgerichtshof ändert das Urteil (vom September 1993) gegen Keßler (6 ½ Jahre), Streletz (5 ½) und Albrecht (5 und 1 Monat) ab: sie seien Mittäter, nicht Anstifter. Zuvor Verfahren gegen Stoph und Honecker wegen Krankheit eingestellt.

1996

12. November	Das Bundesverfassungsgericht weist die Verfassungsbeschwerde Keßlers, Streletz' und Albrechts gegen ihre Verurteilung zurück.

1997

25. August	Urteil gegen die Politbüromitglieder Krenz, Schabowski und Erich Kleiber. 6 ½ und zweimal 3 Jahre. Der BGH bestätigt 1999 das Urteil.

2001

22. März	Europäischer Gerichtshof für Menschenrechte in Straßburg bestätigt einstimmig Urteile gegen Krenz, Keßler und Streletz.

zba.BUCH

Dokumente

Abschrift !

Bernhard Weissmann
Leipzig C 1
Wittenbergerstr. 17

den 21. Februar 1936

BStU II
000298

Herrn

Hermann P a u l senior

D o m m i t z s c h /Elbe

Sehr geehrter Herr Paul!

In Beantwortung Ihres w. Briefes vom 19. ds. Mts. teile ich Ihnen mit, dass ich in der Hauptsache den Wunsch habe alle Anteile abzusetzen. Ich bin auch bereit, einen kleineren Teil abzugeben. Ich verlange für meine Anteile 50 %. Bei Abnahme des ganzen Postens nehme etwas weniger. Die Anteile gebe ich nur gegen sofortige Kasse ab.

Mit deutschem Gruß!
gez. Bernhard Weissmann

Schreiben Bernhard Weissmann an den Mitgesellschafter Hermann Paul Sen.

Das Amtsgericht.

H.R.B.2.

Dommitzsch, den 18.Juni 1938.
Fernruf: 208.

Anlage 5/21

An die

Deutsche Tonwarenfabrik, G.m.b.H.

in D o m m i t z s c h .

V.Z.

Nach Artikel I § 1 Abs.IIIb der Dritten Verordnung zum Reichsbürgergesetz vom 14.Juni 1938 (Reichsgesetzblatt I S.627) ist Jhr Gewerbebetrieb jüdisch und trägt die Bezeichnung D e u t s c h e Tonwarenfabrik zu Unrecht. Durch den Zusatz „ Deutsche " wird der Eindruck erweckt, es handele sich um ein arisches Unternehmen. Es geht aber nicht an, daß eine G.m.b.H. , bei der die Mehrheit des Stammkapitals sich in jüdischen Händen befindet, sich deutsch nennt. Ein derartiger Gebrauch des Wortes „deutsch" ist ungehörig und sittenwidrig. Die Bezeichnung Jhrer Firma als deutsche steht auch im Widerspruch zu dem Grundsatz der Firmenwahrheit, der im § 18 Abs.II des Handelsgesetzbuches aufgestellt ist. Jst aber eine Eintragung in das Handelsregister bewirkt, obgleich sie wegen Mangels einer wesentlichen Voraussetzung unzulässig war, so muß das Registergericht sie von amtswegen löschen, vergl.§ 142 Abs. I des Freiwilligen-Gerichtsbarkeits-Gesetzes. Es ist deshalb beabsichtigt, im Handelsregister bei Jhrer Firma das Wort „ Deutsche " zu streichen. Zur Stellungnahme hierzu wird Jhnen eine Frist bis 31.Juli 1938 gewährt, innerhalb welcher Sie selbst die Löschung des Wortes „Deutsche" beantragen oder eine andere Firmenbezeichnung anmelden oder auch einen etwaigen begründeten Widerspruch erheben können.

[illegible],Amtsgerichtsrat.

Eingegangen

Amtsgericht 1938: Bezeichnung „deutsch ist ungehörig und sittenwidrig“

Anlage 9

Bank für deutsche Industrie-Obligationen

Vorstand: Dr. Wilhelm Bötzkes, Vorsitzer, Dr. Alfred Kelchel, Max Schroeder
Stellvertr.: Dr. Hans von Dedelsen, Dr. Otto Heinrich, Martin Theuerkauf
Aufsichtsrat: Dr. h. c. Fritz Thyssen, Vorsitzer

GA/BK 13018 Küh/Scho
(In der Antwort gefl. anzugeben.)

Berlin C2, den 31. August 1938
Schinkelplatz 3-4

Firma

Deutsche Tonwarenfabrik G.m.b.H.

Dommitzsch a.E.
Prov.Sachsen

Wir kommen zurück auf Jhr Schreiben vom 4.8.cr. und bitten Sie erneut uns über den Stand Jhrer Verhandlungen weg der Arisierung Jhres Betriebes sowie die Massnahmen der Krei sparkasse Torgau hinsichtlich des gekündigten Kredites zu informieren.

Bei dieser Gelegenheit gestatten wir uns, Sie darauf hinzuweisen, dass der Rest unseres z.Zt. noch RM 37.000.- betragenden Darlehns nach den Bestimmungen der Schuldurkunde am 15. 3. 1939 zur Rückzahlung fällig wird.

Wir nehmen an, dass Sie auf eine Prolongation desselben zu gegebener Zeit Wert legen werden und bitten Sie deshalb, dafür Sorge zu tragen, dass die Arisierung Jhres Betriebes möglichst bis Ende dieses Jahres durchgeführt ist, da unsere Entscheidung über eine evtl. Prolongation des Restkredites weitgehend hiervon abhängig sein wird.

Bank für deutsche
Jndustrie-Obligationen

Eingegangen
Erledigt am

Bank: Verlängerung des Kredits nur bei Arisierung der Firma

Dommitzsch, den 11. Oktober 1945

Erklärung!

Unterzeichneten sind langjährich beschäftigt in der Deutschen Tonwarenfabrik, wir bestätigen hiermit, dass der Jnhaber dieser Fabrik Herr Hermann Paul in Dommitzsch, immer ein fortschritliecher und sozialer Unternehmer war. Am 31. Dezember 1944 versta unser Kollege der Töpfer Albert Heinitz, Vorkämpfer des Komunismus. Der Betriebsleiter Herr Hermann Paul hielt die Grabrede und lobte unseren Genossen als edlen und aufrichtigen Charakte Den Gefangenen Franzosen und Engländern und auch den Ukrainer Mädchen gewährte er alle Freiheiten und Vergünstigungen durch Zusatz von Lebensmittel und Getränke.
Wir würden der Russischen Kommandantur sehr dankbar sein, wenn für unseren früheren Betriebschef einige Erleichterungen in seiner Haft oder Freiheit eintreten könnte.

Der Betriebsrat der Deutschen
Tonwarenfabrik

Gustav Greiff K.P.D.
Arthur Helbig K.P.D.
Wilhelm Werner parteilos

Oktober 1945: Betriebsrat setzt sich für den verschleppten Hermann Paul ein

Tonwarenfabrik
zsch (Elbe)

BStU
000051

Resolution.

Die Belegschaft und Betriebsleitung der Deutschen Tonwarenfabrik Dommitzsch dankt dem Minister Fritz Seltmann für sein energisches Eingreifen, besonders in unserem Lande, gegen die feindliche Konzern tätigkeit und die verbrecherischen Umtriebe des Dr. Brundert. In diesem Zusammenhang fordern auch wir die sofortige Klärung unserer Eigentumsverhältnisse. Wir haben unseren Betrieb seit 1945 aus eigen Kraft vorwärts gebracht, so daß er heute im höchsten Maße erfolgreicher Funktionsträger das 2 Jahresplanes ist. Auch wir sollten den Maßnahmen, die Dr. Brundert und seine Clique eingeleitet hatte, zum Opfer fallen dadurch, daß die von uns angestrebte Volkseigenheit uns res Betriebes immer wieder durchkreuzt wurde und sogar wichtige Bele aus den Akten verschwanden, und dies obwohl wir außerordentlich gute Rechtsgründe, ein absolut hieb- und -stichfestes Material beigebracht haben. Unser Kampf währt jetzt 5 Jahre und wir erwarten ganz besonde von unseren Regierungsstellen in Sachsen-Anhalt, daß eine klare Entscheidung in unserem Sinne sofort getroffen wird. Wir dulden es nich länger, daß im sozialistischen Zeitalter unser Betrieb wiederum dem Kapital ausgehändigt werden soll, durch Machenschaften von Schwächlingen und Reaktionären, die in unseren eigenen Reihen, sogar in den höchsten Stellen sitzen. Nur durch unsere energische Selbstwehr würd mal, unter Anwendung revolutionärer Schritte verhindert, daß der Betrieb in die Hände des Kapitals zurückgegeben wurde.

Die Zeit ist reif, wir wollen und wir können nicht mehr länger warten. Wir sind genügend vertröstet worden, die gesamte Belegschaft verlangt nunmehr ein sofortiges Eingreifen der Regierungsstellen und eine klar Anordnung zur Überführung unseres Betriebes in das Volkseigentum.

Die Belegschaft der Deutschen Tonwarenfabrik
Dommitzsch

Dommitzsch, den 8. Februar 1950. ⟷ 8. Febr. 1950

Februar 1950: „Resolution" der Belegschaft und der Betriebsleitung

BStU
000068

20
N5

Berlin ~~, den 28.2.1963~~ 19

Wa.

Beginn der Vernehmung 08.00 Uhr

1.3.1963 Ende der Vernehmung 06.00 Uhr

1. Ausfertigung 6 Exemplare

Vernehmungsprotokoll

des Beschuldigten

Familienname (auch Beiname) R Ü H R D A N Z geborene PAUL

Vornamen (Rufnamen unterstreichen) <u>Sigrid</u>, Hildegard, Emmi

geboren am 14.3.1934 in Dommitzsch

Kreis Torgau Land Sachsen - Anhalt

Beruf Zahntechnikerin

Letzte Tätigkeit Zahntechnikerin

Arbeitsstelle Krankenhaus Berlin - Köpenick

Monatliches Einkommen ca 420.- DM / DNB netto

Sonstige Vermögensverhältnisse Segelboot im Wert von ca. 25.000.- DM mit Ehemann gemeinsam

Wohnanschrift Berlin - Kaulsdorf

Kreis Bezirk

Straße Ulmenstrasse 113 Fernruf 55 99 515

Staatsangehörigkeit DDR Nationalität Deutsche

Familienstand verheiratet seit 13.12.1957

Sigrid Rührdanz

KOPIE BStU

Erste Vernehmung von Siegrid Paul nach der Festnahme: Dauer 22 Stunden

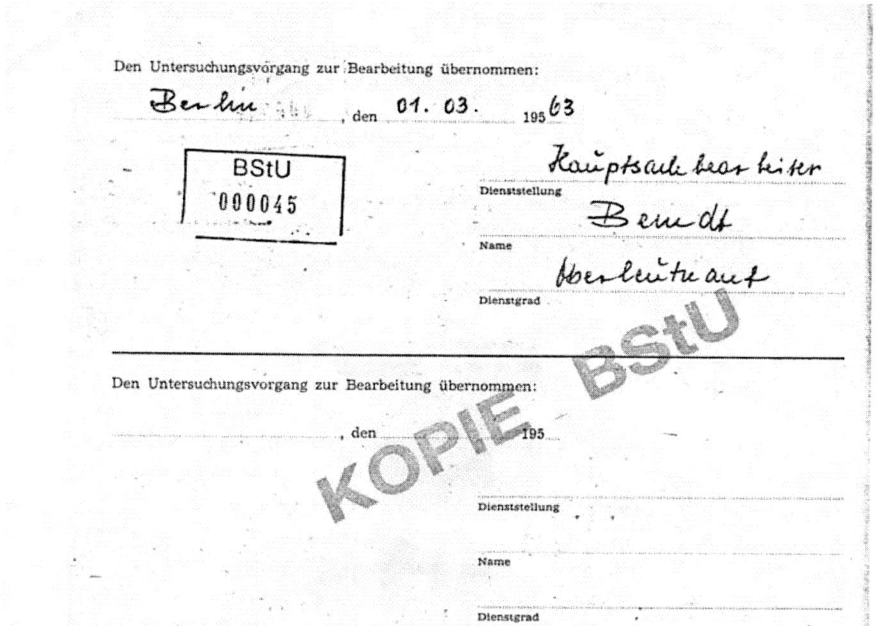

Den Untersuchungsvorgang zur Bearbeitung übernommen:

Berlin, den 01. 03. 1963

BStU
000045

Hauptsachbearbeiter
Dienststellung

Berndt
Name

Oberleutnant
Dienstgrad

Den Untersuchungsvorgang zur Bearbeitung übernommen:

........................, den .... 195....

Dienststellung

Name

Dienstgrad

KOPIE BStU

Vernehmer Berndt bestätigt Übernahme des „Untersuchungsvorgangs"

I M   N A M E N   D E S   V O L K E S !

-Urteil-

In der Strafsache

gegen 1. den Schiffbauingenieur

Hartmut Fritz Wilhelm R ü h r d a n z ,
geb. am 7. 7. 1928 in Greifswald,
wohnhaft in Berlin-Kaulsdorf, Ulmenstr. 113,
Bürger der DDR,
verheiratet, 3 Kinder,
nicht vorbestraft,
seit dem 28. 2. 1963 in U-Haft

2. die Zahntechnikerin

Sigrid Hildegard Emmi R ü h r d a n z ,
geb. am 14. 3. 1934 in Dommitzsch,
wohnhaft in Berlin-Kaulsdorf, Ulmenstr. 113,
Bürgerin der DDR,
verheiratet, 1 Kind,
nicht vorbestraft,
seit dem 28. 2. 1963 in U-Haft

3. den technischen Zeichner

Werner C o c h ,
geb. am 17. 5. 1941 in Herrnhut,
wohnhaft in Dresden A 19, Tzschimmerstr. 12,
Bürger der DDR,
ledig, keine Kinder,
nicht vorbestraft,
seit dem 18. 2. 1963 in U-Haft

4. die Studentin

Ursula H o f f m a n n ,
geb. am 29. 9. 1940 in Rathenow,
wohnhaft in Magdeburg, Fermeslebener Str.
Studentenheim,
Bürgerin der DDR,
ledig, keine Kinder,
nicht vorbestraft,
seit dem 18. 2. 1963 in U-Haft

5. Eberhard Z u t z ,
geb. am 2. 3. 1941 in Neue Schleuse,
wohnhaft in Dresden A 27, Kaitzer Str. 127,
Bürger der DDR,
ledig, keine Kinder,
nicht vorbestraft,
seit dem 14. 2. 1963 in U-Haft

wegen Verleitung zum Verlassen der DDR pp.

Urteil des Bezirksgerichts Rostock vom 15. August 1963

\- 2 -

hat der 1. Strafsenat des Bezirksgerichts Rostock in seinen Sitzungen vom 5., 6., 12. und 15. 8. 1963, an denen teilgenommen haben:

Stellvertreter des Direktors:
Frau Kienert
als Vorsitzende

Herr Ludwig Bockholdt, Schlosser
wohnhaft in Rostock

Herr Bernhard Andzinski, Angestellter,
wohnhaft in Rostock
als Schöffen

Staatsanwalt Frau Schmidt
als Vertreter des Bezirks-
staatsanwalts

Justizangestellte Lehmann und Laszig
als Protokollführerinnen

für Recht erkannt:

Die Angeklagten werden wie folgt verurteilt:

Die Angeklagten Hartmut und Sigrid R ü h r d a n z
wegen fortgesetzten gemeinschaftlichen Verleitens zum Verlassen der DDR (§ 21 Abs. 1 Ziff. 1 StEG, § 47 StGB)
unter Anrechnung der seit dem 28. 2. 1963 angeordneten Untersuchun haft zu je

4 - vier - Jahren Zuchthaus.

Der Angeklagte C o c h
wegen Verbindung zu verbrecherischen Organisationen in Tateinheit mit versuchtem Paßvergehen und wegen Paßvergehens (§ 16 StEG, § 8 Abs. 1 und 3 Paßgesetz, §§ 73, 74 StGB)
unter Anrechnung der seit dem 18. 2. 1963 angeordneten Untersuchungshaft zu

1 - einem - Jahr, 9 - neun - Monaten

Die Angeklagte H o f f m a n n Gefängnis.
wegen fortgesetzten gemeinschaftlichen Verleitens zum Verlassen der DDR in Tateinheit mit fortgesetztem versuchten Paßvergehen (§ 21 Abs. 1 Ziff. 1 StEG, § 8 Abs. 1 und 3 Paßgesetz, §§ 47, 73 S
unter Anrechnung der seit dem 18. 2. 1963 angeordneten Untersuchun haft zu

1 - einem - Jahr, 9 - neun - Monaten Zuchthaus.

Der Angeklagte Z u t z
wegen fortgesetzten gemeinschaftlichen Verleitens zum Verlassen de DDR in Tateinheit mit fortgesetztem versuchten Paßvergehen
(§ 21 Abs. 1 Ziff. 1 StEG, § 8 Abs. 1 und 3 Paßgesetz, §§ 47, 73 S
unter Anrechnung der seit dem 14. 2. 1963 angeordneten Untersuchur haft zu

2 - zwei - Jahren, 3 - drei - Monaten Zuchthaus.

Die Kosten des Verfahrens werden den Angeklagten auferlegt.

Urteilsspruch des Bezirksgerichts Rostock v. 15. August 1963

Geschäftsnummer:
- RRO 25/90 -
- 15 RHS 128/91 - StA Rostock **Ausfertigung**

verbunden mit
- RRO1103/90 -
- 15 RHS 894/90 - StA Rostock
- RRO 924/90 -
- 15 RHS 58/91 - StA Rostock

BEZIRKSGERICHT ROSTOCK

B E S C H L U ß

In der Rehabilitierungssache

1. der Frau Sigrid R ü h r d a n z ,
geboren am 14. März 1934 in Dommitzsch,
wohnhaft Ulmenstraße 113, O-1144 Berlin

2. des Herrn Werner C o c h ,
geboren am 17. Mai 1941 in Herrnhut,
wohnhaft Am Fenn 5, O-1832 Premnitz,

3. der Frau Dr. Ursula Z u t z , geb. Hoffmann,
geboren am 29. September 1940 in Rathenow,
wohnhaft Schliemannstr. 9, O-2567 Neubukow,

4. des Herrn Eberhard Z u t z ,
geboren am 2. März 1941 in Neue Schleuse,
wohnhaft Schliemannstr. 9, O-2567 Neubukow,

Betroffenen,

hat der Senat für Rehabilitierungsverfahren des Bezirksgerichts Rostock durch den Präsidenten des Landgerichts Dr. Hückstädt und die Richter am Landgericht Martin und Haller

am 18. Juni 1992 b e s c h l o s s e n :

Das Urteil des Bezirksgerichts Rostock vom 15. August 1963 - Az. I Bs 14/63 - und der Beschluß des Obersten Gerichts der DDR vom 31. August 1963 - Az: 1a Ust 95/63 - werden - hinsichtlich der Betroffenen -

a u f g e h o b e n .

Die Betroffenen werden

r e h a b i l i t i e r t .

Bezirksgericht Rostock 1992: Aufhebung des Urteils vom 15. August 1963

7

Gewährung sozialer Ausgleichsleistungen kann der Senat auch hier nur dem Grunde nach entscheiden.

Der Senat verkennt nicht, daß durch diese Entscheidung das den Betroffenen zugefügte Unrecht nicht wiedergutgemacht werden kann. Es ist aber ein wesentliches Element und Anliegen des Rechtsstaates, Personen, die in der ehemaligen Deutschen Demokratischen Republik im Widerspruch zu Menschenrechten und verfassungsmäßig garantierten Grundrechten strafrechtlich verfolgt worden sind, vom Makel dieser Kriminalisierung zu befreien. Der Senat hofft, mit dieser Entscheidung den Betroffenen auch innerlich eine politisch-moralische Genugtuung verschafft zu haben.

IV.

Die Kostenentscheidung beruht auf § 16 RehaG.

Rechtsmittelbelehrung:

Gegen diesen Beschluß ist die (sofortige) Beschwerde zulässig.
Die Beschwerde ist innerhalb

einer Woche

seit dem Tage der Zustellung dieser Entscheidung schriftlich oder zu Protokoll der Geschäftsstelle bei dem Bezirksgericht Rostock einzulegen. Eine schriftliche Beschwerde muß innerhalb der genannten Frist bei Gericht eingegangen sein.

gez. Dr. Hückstädt   gez. Martin   gez. Haller

Ausgefertigt
Rostock, den 30. Juni 1992
Urkundsbeamtin der
Geschäftsstelle

Bezirksgericht Rostock 1992: Aufhebung des Urteils vom 15. August 1963

Danke!

Sehr herzlich danken möchte ich Dr. Hubertus Knabe, der sich die Zeit genommen hat, in mein wirres, anfänglich noch unvollständiges Manuskript zu schauen und der mir trotzdem Mut machte, weiter daran zu arbeiten.

Mein besonderer Dank gilt auch Dr. Karl Wilhelm Fricke, der mir professionelle Hilfe vermittelt und das Geleitwort für dieses Buch geschrieben hat.

Danken möchte ich auch Karl-Heinz Baum und Roland Walter, die diesen Text druckreif gemacht und das Buch gestaltet haben.

Professor Dr. Burkhard Schneeweiß hat mir mit seinen Schilderungen die unselige Nacht vom 27. auf den 28. August wieder in Erinnerung gebracht und Fotos zur Verfügung gestellt. Dafür ganz herzlichen Dank.

Nicht zuletzt danken möchte ich auch der Fotografin Franziska Vu und dem Kulturring e.V. Berlin, dass sie Fotos der Wanderausstellung „Inhaftiert" gestiftet haben und so dieses Buch bereichern.

Für weitere Fotos danke ich auch dem Fotojournalisten Hans-Joachim Helwig-Wilson, der bewegende Momente der deutsch-deutschen Geschichte dokumentiert hat.

Danken möchte ich schließlich meinen Kindern Torsten, Frauke und Ute nicht nur für Geduld und Zuspruch, sondern auch für ihren Rat und tätige Mithilfe.

Alle haben zum Gelingen des Buches beigetragen und mir damit eine große Freude bereitet!

Sigrid Paul

Fricke, Karl-Wilhelm, Publizist und Herausgeber mehrerer Standardwerke zum Widerstand in der DDR.
Helwig-Wilson, Hans-Jochim, Fotojournalist.
Knabe, Hubertus, Leiter der Gedenkstätte Hohenschönhausen.
Schneeweiß, Burkhard, emeritierter Professor für Kinderheilkunde.
Vu, Franziska, Fotografin, Dozentin Fachschule Potsdam. - „Inhaftiert",
Verlag Publisher, Kulturring Berlin e.V. 2006, ISBN 3-9810679-4-0

Quellen

Braun, Jutta/Werkentin, Falco: Zeitgeschichtliches Gutachten zu den Methoden und Verfahrensweisen der verdeckten Enteignung selbständiger Produzenten, Gewerbetreibender, Bauern und Grundstücks-/Hauseigentümer in den Anfangsjahren der SBZ/DDR, München/Berlin 1998 (unveröffentliches Typoskript).

Kilian, Achim: Die Häftlinge in den sowjetischen Speziallagern der Jahre 1945-50. Zusammenfassung des derzeitigen Kenntnisstandes hinsichtlich Zahl, Verbleib und Zusammensetzung nach Internierungsgründen, in: Deutscher Bundestag (Hg.): Materialien der Enquete-Kommission „Überwindung der Folgen der SED-Diktatur im Prozeß der deutschen Einheit" (13. Wahlperiode des Deutschen Bundestages). Band VI, Baden-Baden 1999.

Krägel, Sybille/Petschel, Siegfried: Bild-Dokumentation Tost - Gefangenenlager des sowjetischen NKWD in Oberschlesien, Freising ^{2}2001.

Schuller, Wolfgang: Das Konspirative im öffentlichen Handeln der DDR, in: Weltbürgerkrieg der Ideologien - Antworten an Ernst Nolte - Festschrift zum 70. Geburtstag, Berlin 1993; *Schuller,* Geschichte und Struktur des politischen Strafrechts der DDR bis 1968, Ebelsbach 1980.

Weber, Petra: Rechtsstaat Thüringen? Neuaufbau und Instrumentalisierung der Justiz in Thüringen nach 1945, in *Timmermann, Heiner, (Hg.):* Diktaturen in Europa im 20. Jahrhundert - der Fall DDR, Berlin 1996.

Bildnachweis

Bundesbeauftragte für die Unterlagen des Staatssicherheitsdienstes der DDR (BStU): S. 76.
Hardegen, Friedrich Detlev: Buchumschlag, Vorderseite.
Helwig-Wilson, Hans-Joachim: S. 16, S. 23, S. 62.
Knappert, Claudia: Zeichnung S. 79.
Paul, Sigrid (Priv.): S. 26, 28, 30, 32, 34, 36, 41, 54, 66, 72, 114, 119, 123, 124, 126, 129.
Schneeweiß, Burkhard (Privat): S. 25.
Vu, Franziska: S. 14, S. 80, S. 136.
Walter, Roland: Buchumschlag, Rückseite.
zba.BUCH: Hardegen S. 119 (unten r.); *Walter* S. 85, 94, 131.
Walter/Hardegen S. 102; S. 141.